本书受重庆市教委科学技术资助项目（KJ1400331）、重庆市科技创新服务计划资助项目（cstc2012cx-rkxA70001）、重庆交通大学 2015 年第一批科研启动项目支持

产业政策、代理冲突与家族上市公司资本配置研究

张　健　著

中国财经出版传媒集团

经济科学出版社
Economic Science Press

图书在版编目（CIP）数据

产业政策、代理冲突与家族上市公司资本配置研究/
张健著. —北京：经济科学出版社，2018.6
　ISBN 978 - 7 - 5141 - 9273 - 5

　Ⅰ. ①产… 　Ⅱ. ①张… 　Ⅲ. ①家族 - 私营企业 -
上市公司 - 财务管理 - 研究 - 中国 　Ⅳ. ①F279. 245

　中国版本图书馆 CIP 数据核字（2018）第 077366 号

责任编辑：谭志军 　卢元孝
责任校对：王苗苗
版式设计：齐　杰
责任印制：王世伟

产业政策、代理冲突与家族上市公司资本配置研究

张　健　著

经济科学出版社出版、发行　新华书店经销
社址：北京市海淀区阜成路甲 28 号　邮编：100142
总编部电话：010 - 88191217　发行部电话：010 - 88191522
网址：www. esp. com. cn
电子邮件：esp@ esp. com. cn
天猫网店：经济科学出版社旗舰店
网址：http：//jjkxcbs. tmall. com
北京季蜂印刷有限公司印装
710 × 1000　16 开　12 印张　200000 字
2018 年 7 月第 1 版　2018 年 7 月第 1 次印刷
ISBN 978 - 7 - 5141 - 9273 - 5　定价：30. 00 元
（图书出现印装问题，本社负责调换。电话：010 - 88191510）
（版权所有　侵权必究　打击盗版　举报热线：010 - 88191661
QQ：2242791300　营销中心电话：010 - 88191537
电子邮箱：dbts@ esp. com. cn）

前　　言

从全球范围来看，家族企业的发展得到社会广泛关注。越来越多的研究认为家族企业存在巨大的生命力。目前，不仅大多数发展中国家，家族企业在社会经济中占据了重要地位，在一些发达国家和地区，家族企业也占不小的比例。中国的家族企业发展历程并不长，但其发展势头及社会贡献力却不容小觑。

在家族企业强劲发展的势头下，同时也暴露出很多问题。例如，家族内讧、代际传承问题引发的企业"地震"，波及企业正常运营，给企业带来了不可弥补的损失。同时家族大股东通过违规担保、非法占用资金等方式掏空上市公司，侵占社会股东利益的事件频发。这引起理论界对家族企业治理模式的诸多质疑和批评，相关研究也出现较大分歧。依据传统代理理论，大股东参与管理能够减轻第一重代理冲突，提高资源配置效率，增厚企业价值。但有学者提出，在家族管理模式下，家族内部亲情关系可能会加重代理冲突，带来效率低下问题。此外，家族企业普遍采用了金字塔控股结构，这既可能是家族缓解集团企业资金压力的一种做法，也可能是家族股东掏空上市公司的重要途径。

研究我国企业问题离不开外部特定的制度环境，其中政府强干预是我国重要的制度背景特征之一。产业政策是一项具有弹性的重要政策，也是常用的政府干预手段，对经济生活发挥了重大作用，深刻地影响着企业的融资与投资环境。那么长期受到融资歧视的家族企业，能否从产业政策鼓励中受益？融资约束改善对家族企业投资效率又产生何种影响？

面对以上疑问，本书从家族企业代理问题分析入手，深入研究家族涉入影响公司财务行为的内在机理，主要从投资、融资视角上探讨家族涉入企业的经济后果，并进一步结合外部产业政策研究异质家族企业的投融资效率。本书研究内容及结论如下。

第1章绪论。提出研究问题，阐述研究目的，介绍本研究的理论价值与现实意义，以及本书的主要研究内容、研究思路，本书的研究特色与贡献。

第2章文献综述。主要分为两个部分。其一是围绕国内外关于家族涉入企业的治理特征、家族企业投资和家族企业融资这几个方面进行文献阐述；其二是围绕政府干预、产业政策的微观效应进行文献阐述。

第3章分析了理论基础与制度背景。首先，介绍了与本研究密切相关的委托代理理论和管家理论以及桥接两者的利他主义（altruism）理论。深入分析了家族企业的委托代理关系层级，并具体阐述管家理论的具体内容，进而分析了利他主义理论如何实现管家理论和代理理论的桥接。其次，基于公司治理视角，详细阐述了企业投资理论与融资理论。再次，在中国转轨经济制度背景下，分析了我国家族企业的发展演进过程、资本配置状况和我国产业政策制定实施历程。最后，构建了产业政策对家族企业代理冲突与资源配置效率关系影响的理论分析框架。

第4章研究了产业政策、代理冲突与家族企业资本投资效率。首先根据家族涉入企业的程度，将家族企业划分为高涉入与低涉入两类家族企业。研究发现虽然创始人任职CEO削弱了第一重代理冲突，继而提高了投资效率，但家族利他主义却增加了第一重代理冲突，显著降低了投资效率。总之，我国制度背景下，家族高涉入企业主要面对的是第一重代理冲突。此外，家族低涉入企业主要存在第二重代理冲突，而家族股东控制权和现金流权分离度加重了代理冲突，降低了投资效率。在我国当前制度背景下，相对于家族低涉入企业，家族高涉入企业总体上代理问题比较严重，投资效率较低。接着研究了产业政策对高低涉入两类家族企业投资效率的影响。结果表明，产业政策鼓励显著改善了家族企业的融资环境，提高了低涉入家族公司投资效率，但却明显降低了高涉入家族公司的投资效率。

第5章研究了产业政策、代理冲突与家族企业研发投资效率。在深入细致地研究高低涉入两类家族公司不同代理问题基础上，从影响家族企业研发投资的两个基本因素——风险规避和长期投资视阈出发展开研究。首先分别研究了利他主义、创始人效应以及控制权与现金流权分离对高低涉入两类家族企业研发投资强度影响。其次比较了两类家族企业研发投资强度差异。更进一步研究了企业外部国家产业政策与家族企业涉入程度如何对上市公司研发投资价值创造产生交互影响。研究认为，相对家族低涉入公司，家族高涉入公司的研发投资强度较小；国家产业政策鼓励放松了家族企业融资环境，却降低了家族企业研发投资的价值创造效应，并且对家族高涉入企业的影响更为显著。

第6章研究了产业政策、代理冲突与家族企业债务融资效率。在将家族企业划分为高涉入与低涉入两类家族企业基础上，研究了不同的代理问题特征下，家族涉入对企业负债融资效率的影响。进一步研究了企业外部国家产业政策与家族企业涉入程度如何对上市公司负债融资效率产生交互影响。结果发现家族高涉入公司负债融资效率较低；国家产业政策鼓励放松了家族企业融资环境，给家族企业带来更多资金，但降低了高涉入公司负债融资效率，提高家族低涉入公司负债融资效率。

第7章研究结论与政策建议。概括本书研究结论，提出启示建议，指出未来研究方向。

Preface

From a global perspective, the development of family firms has been widely concerned. More and more studies suggest that the family firm has great vitality. At present, not only in the majority of developing countries, family firms occupy an important position in the social economy; in some developed countries and regions, family firms also accounted for not a small proportion. Although the development process of family firms didn't last long in China, its development trend and social contribution cannot be ignored.

However, with the strong development of family firms, a lot of problems are also exposed, such as: internal contradictions and succession issues in enterprises like earthquakes affect its normal operation, this may cause irreparable harm to the company. At the same time it is reported frequently that family shareholders encroach on social shareholder interests through illegal guarantee and the illegal occupation of funds which Tunnel the listed company. The above problems caused many questions and criticisms for corporation's governance, related research also have big differences. On the basis of the traditional agency theory, it is the big shareholders who participate in the management could reduce the conflict of first kind of agency, improve the efficiency of allocation of resources of enterprise, and enhance the enterprise value. But some scholars proposed that in the mode of family management, the internal relationship of family may further aggravate the agency conflict and cause the problem of low efficiency. In addition, the family business generally used the pyramidal ownership structure, which could relieve the financial pressure of family group enterprise, and also may be an important way of family shareholders to tunnel listed company.

In our country the research on enterprise problem cannot do without considering external specific institutional environment. Strong government intervention is one of the important characteristics of China's institutional background. Industrial policy is an important flexible policy, is also a commonly used means of government intervention, which played a significant role in the economic life and has a profound impact on investment and financing environment of enterprises. Can the industrial policies benefit the family firm which has long been in the financial crimination? What kind of impact on investment efficiency of family firm can the improvement of investment financing constraints have?

In the face of the above differences and problems, this paper starts from analyzing the problem of the family firm's agency, deeply studies the internal mechanism of family involvement which affect the behavior of financial companies, mainly from the investment, financing perspective discuss the enterprise economic consequences of family involvement. Further, the thesis discusses investment and financing efficiency of the heterogeneity of family enterprise based on external industrial policy. The content and conclusion of this paper includes the following sections:

The first chapter is introduction. In this chapter, it explains the research purpose, introduces the theoretical value and significance of this study, and the main research contents, research ideas, research characteristics and contributions of the dissertation.

The second chapter is the Literature review. It is divided into two parts, one is about the literature on the governance characteristics, investment and financing of the family involvement business, the other is the literature about the microeffect on government intervention, industrial policy.

The third chapter is the analysis of theoretical basis and the institutional background. Firstly, it introduces the principal-agent theory, the stewardship theory and the altruism theory which bridges two theories high closely related to our study. This paper analyzes each level of the principal-agent relationship of the family firms, and expounds the contents of stewardship theory, then interprets how the altruism theory implements the connection between principal-agent theory and the stewardship theory. Secondly, based on the perspective of corporate governance, the paper details the investment and financing theory of the enterprise. Thirdly, under the Chinese transitional economy background, the thesis analyses evolution of family business, the allocation of capital and reviews implementation process of industrial policy in China. At last the chapter Constructs a theoretical framework of the influence of industrial policy on the family business agency conflict and resource allocation efficiency.

The fourth chapter studies the industrial policy, the agency conflict and investment efficiency of the family firm. Firstly, according to the extent of the involvement of family firm, this chapter divides the family firms into two types: family-high-involvement firm and family-low-involvement firm. The chapter finds that although the founder of enterprises as CEO has weakened the conflict of first kind agency, then improved the efficiency of investment, the family altruism has increased the conflict of first kind agency, reduced the efficiency of investment significantly. Overall under the institutional background in China, the family-high-involvement firm mainly faces the first agency conflict. On the other hand, family-low-involvement firm mainly faces the second kind of agency problem, and the separation between control rights and cash flow rights increases the agency conflicts and reduces the efficiency of investment. This paper believes that, under the current institutional background, the agency problem of family-high-involvement firm is more serious than family-low-involvement firms, and the efficiency of investment is lower. Further, the influence of industrial policy to investment efficiency on the level of involvement between two kinds of family firms has been studied. The results show that the industrial policy has improved the financing environment of the family firm significantly, increased the investment efficiency of low involvement family firm, but reduced the investment efficiency of high involvement family firm dramatically.

The fifth chapter studies the industrial policy, agency conflict and efficiency of R&D investment in family firm. This chapter studies the different kinds of agency problems thoroughly between the high and low involvement of two family firms, from the perspective of two basic factors of family firm's R&D Investment: risk aversion and long-term investment. Firstly the chapter investigates the influence from the altruism, founder effect and separation effect between control rights and cash flow rights to R&D investment intensity on the level of involvement of two kinds of family companies. Secondly, the chapter compares the difference of R&D investment intensity between two types of family firms. Furthermore, the chapter studies the interact effect of external national industrial policy and family involvement on the value of R&D investment in listed companies. we can infer that the R&D investment intensity of the high involvement family firm is smaller than the low involvement family firm; It is the national industrial policy that encourages the relaxation of the financing environment of family business, but lowers the value of the family firm's R&D investment effect, and the impact on the high involvement family firm is more significant.

The sixth chapter studies the industrial policy, the agency conflict and debt financing efficiency of the family firm. Based on dividing the family firms into two types: high involvement family firm and low involvement family firm, and from the two basic motives of family capital structure choice: keep the right of control and risk aversion, the chapter analyses the impact of family involvement on the efficiency of debt financing under the influence of different agency problem. Further, this chapter studies interaction effect of listed Company's debt financing efficiency under the influence of the external industrial policies of the state and extent of family involvement. The findings indicate that in family firm of high involvement its debt financing efficiency is relatively lower; the national industrial policy encouraging the relaxation of financing environment of family firm, brings more money to the family firm, but reduces the efficiency of debt financing in high involvement family firm, and improved the efficiency of debt financing in low involvement family firm.

The seventh chapter is the conclusion and prospect. This chapter includes the paper's research conclusion, suggestions, limitations and the prospect of future research direction.

目　　录

1

绪　　论

1.1　问题提出与研究目的

1.1.1　问题提出

家族企业是工业化之后最早出现的企业组织形式，对工业经济发展起到了举足轻重的作用。19 世纪后期，伴随股份公司在英、美等西方国家的诞生和迅速成长，企业所有权与经营权分离成为企业权利配置的最主要特点。贝利和米恩斯（Berle and Means，1932）在其经典论著《现代公司和私有财产》中提出，所有权和经营权的分离使得经理阶层事实上取得了对企业的控制权，"经理革命"时代已经到来。此后，家族企业一度被主流经济学和管理学理论视为落后生产力的代表，有学者甚至提出随着企业外部治理环境的完善，家族企业终究退出历史舞台。

但是实践结果却与部分学者的理论预期大相径庭。家族企业非但没有消亡，反而蓬勃发展起来。目前来看，整个世界经济范围内的家族企业均表现出极强的生命力。从发展中国家到发达国家，从街边"夫妻店"到拥有数万名雇员的大型国际集团，家族企业无处不在。新中国家族企业源于民营企业。据调查，我国民营企业中85%以上均为家族控制（《中国家族企业发展报告》，2011）。因此，民营企业发展过程实质就是一部家族企业的演进史。由于特定历史原因，我国民营企业一度停滞，直至1978年经济体制改革之后，民营企业才得以恢复发展。近年来，伴随思想解放和国家鼓励民营企业发展政策的出台实施，家族企业发展势头迅猛，目前已经成为推动我国经济发展的生力军。根据国家工商总局的统计调查，截至2013年8月底，民营企业总计1179.62万户，增长1.48%，超过企业总数的80%，企业总规模占全国企业规模近40%。与此同时，家族企业的质量和水平也不断提高。例如，刘永好家族控制的新希望集团2012年营业额732.38亿元、利润17.07亿元，位居中国企业500强的第148位；重庆本土民营企业巨头，由尹明善家族控制力帆集团不仅连续多年入选中国500强企业，创造了很好的经济效益，同时也树立了良好的社会口碑，连续多次荣获重庆市"重合同守信用企业"称号。

但不能忽视的是，在家族企业强劲发展的势头下，不少家族企业也暴露出大量问题。首先，家族内讧造成地震频发，波及企业正常生产经营，严重时甚至股价大跌，经营停滞，给企业带来不可弥补的损失。2003年，浙江龙威实业上演了令人震惊的一幕：董事长兼总经理虞龙海与小儿子虞晋平（副总经理）、妻子金菊芳（财务部部长）为了争夺公司控制权，相互"罢免"；2009年土豆网CEO王微与前妻陷入离婚财产官司，一度影响了公司在美国纳斯达克的上市进程；2011年，曾号称国内唯一能与麦当劳等外资餐饮巨头相抗衡的快餐连锁企业真功夫，上市的计划被搁浅。根本原因是两位家族姻亲关系创始人蔡达标和潘宇海（蔡达标是潘宇海妹夫）之间的矛盾激化，企业高层因涉嫌经济犯罪锒铛入狱。其次，在我国特殊历史背景下，大量家族企业目前处于创始人接近退休，企业亟待交棒时期，代际传承问题突出。富二代们没有经历父母的艰苦创业过程，大多很小被送出国门在外求学，经营理念与父辈差距很大，也难以真正获得企业其他经理和股东的信任。一旦创始人退出，家族内讧加剧，企业面临生存危机。范等（Fan et al.，2008）研究了中国香港、中国台湾、新加坡和中国大陆家族企业传承中的财富消散效应，发现当创始人交棒之后，各地家族企业均发生股票超额收益率的大幅跳水；最后，家族大股东通过违规担保，非法占用资金等方式掏空上市公司侵占社会股东和债权人利益的事件频发，屡被媒体曝光。例如，20世纪红火一时的格林柯尔系、德隆系、鸿仪系等庞大的家族控制资本系相继坍塌，不仅使旗下上市公司深受其累，而且广大中小股东也深受其害，同时，也使贷款银行资金损失惨重。

　　以上大量问题的暴露深刻反映出我国家族企业目前正面临着比较严重的多重委托代理冲突。首先家族企业面临着家族股东与企业经理之间的代理冲突。家族股东与企业经理之间的代理冲突又可分为家族股东与家族经理以及家族股东与职业经理两种代理冲突。传统研究比较关注家族股东与职业经理之间的代理问题，依据经典代理理论，家族股东与家族经理之间实际是"自己人"监督"自己人"，代理成本可以忽略不计。但事实告诉我们，不少家族公司中，任职家族成员之间矛盾冲突频发，严重时甚至危及企业生存。其次，家族企业还面临着家族大股东与社会中小股东以及债权人之间的代理问题。我国家族企业普遍采用了金字塔控股结构，这使得家族股东能够运用较小的现金流权获取较多的企业控制权，控制权与现金流权的分离增强了家族对企业的控制，同时金字塔控制链上集团企业之间的资金联系也使得企业向银行担保借款更易实施。但是，复杂的金字塔结构、控制权与现金流权的高度分离也为家族大股东转移底层企业（上市公司）资金，谋取控制权私利提供便利。从而引发和加剧了家族大股东与社会中小股东以及债权人之间的代理冲突。

　　总结家族企业的发展，一方面我们看到家族企业具有蓬勃的生机与活力，企业内部治理发挥出其他类型企业不可替代的优势。家族对公司活动的高度介入提高了企业资源的使用效率，增加了公司价值。此时家族很像是一名忠实的企业"好管家"。但另一方面，我们也看到，在一些家族企业中，家族经理偷懒、"搭便车"、发起内讧争夺公司控制权，同时另一些企业家族大股东利用金字塔控股结构转移侵占公司资金，降低了企业资源的使用效率，严重损害了中小股东和债权人的利益。此时的家族更像一名只顾谋求私利的"坏代理人"。那么家族到底是企业的"好管家"还是"坏代理人"？面对这一问题，理论界至今也是纷争不断。有学者认为，家族治理增加了代理冲突，家族股东控制对家族企业效率提升和价值增长具有负面影响（Morck et al.，2005；苏启林，2003；王明琳，2010）；另有学者提出，所有权和控制权的集中使家族股东能够对经理实施更好地监督。家族拥有的家族凝聚力、社会关系等特有资源能够降低企业内部代理冲突，提高资金配置效率，最终增加公司业绩和价值（Anderson and Reeb，2003a；Villalonga and Amit，2006；刘学方等，2006；田银华等，2011）。

综上所述，首先，目前我国家族企业面临的委托代理问题已经表现出较大的危害性，对家族企业的健康发展和社会生活的稳定和谐带来了比较严重的障碍，因此相关研究急需拓展和深化。其次，家族企业代理问题具有多重性和复杂性，不同的家族企业可能存在着异质的代理问题，即家族企业表现出"异质性"特征。而忽视家族企业的"异质性"很可能是造成目前研究结论纷争不断的重要原因。由此划分家族企业类型，深入细致研究异质家族企业的代理问题及其经济后果是拓展深化研究的重要方向。最后，以往家族企业研究大量集中在委托人与代理人之间的代理冲突如何影响了企业的业绩或者价值，由此得出不同结论。但是公司价值和绩效是高度概括的综合性指标，如果仅仅研究家族涉入（family involvement）企业之后，代理冲突对公司价值或绩效的影响会导致研究过程忽略一些关键性细节。其实我们当前更为关注的是家族企业代理冲突影响企业经营和决策的具体路径，通过深入了解家族企业代理冲突通过哪些环节和路径影响家族企业的经营和决策，才能使我们更加清晰地分析和解释家族企业治理的利弊所在，更好地帮助家族企业改善内部治理结构，实现健康持续成长，也能更好地实现家族企业利益相关人理性看待家族企业，进行良性互动。在企业经营与决策的各个环节中，资本配置是最为关键的重要环节。它包括企业将资本在不同用途之间进行分配（投资），以及企业对资本的来源（融资）结构的安排。企业资本配置效率对公司价值和公司业绩产生了持续和直接的影响，由此，本书拟从企业资本配置这一具体路径入手，深入细致研究异质家族企业代理问题如何影响资本配置效率，为解决家族企业治理的理论纷争和现实困扰提供理论支撑和经验证据。

研究我国企业财务问题离不开把握中国经济的特征事实和历史背景，而强政府干预问题是我们研究中国经济问题必须面对的特征事实（陈东华等，

2010）。观察政府对经济的干预问题，我们看到产业政策是一项重要也是常用的政府干预手段，通过控制资本市场准入门槛、引导银行贷款资金投向等深刻地影响着企业的融资与投资行为。已有研究发现政府宏观产业政策能够对投资带来巨大推动力（Murphy et al.，1989），在产业政策鼓励行业中，企业融资约束程度较小，融资成本较低（陈东华等，2010；Chen et al.，2013）。在我国，融资难是长期困扰家族企业的不争事实，那么产业政策鼓励发展能否相应改善家族企业的融资约束问题？具有不同代理冲突特征的异质家族企业，产业政策带来的融资约束放松对其投资效率和融资效率产生何种影响？以上影响是否存在差异？以上结论能够对优化我国产业政策的实施，促进宏观经济体系和微观经济企业个体的健康和谐运转带来何种启示？

　　总之，通过对以上问题的分析和解答，既使对家族企业代理问题的探讨变得更加具体和现实，也进一步深化了宏观政策微观效应的研究。

1.1.2　研究目的

　　通过本书研究，拟实现以下目的。

　　第一，从家族企业异质性出发，划分家族企业为家族高涉入企业与家族低涉入企业，找出影响两类家族企业代理问题的主要因素，深入细致地分析家族企业面临的三重代理问题。从理论上进一步厘清我国异质家族企业代理冲突的特征和影响因素。

　　第二，从家族企业代理冲突影响企业资源配置效率视角，通过深入的理论研究和大样本实证研究，分析和比较家族高涉入和家族低涉入两类家族企业的资本投资效率、研发投资效率和负债融资效率，力图找出提高家族企业资本配置效率的关键因素，最终为解决家族企业到底扮演了"好管家"还是"坏代理人"的理论纷争和现实困扰提供理论支持和经验证据。

　　第三，结合国家宏观产业政策，以政府"五年计划"中对产业发展的规划作为衡量产业政策因素的标准，通过理论和实证研究，分析国家产业政策的鼓励如何进一步影响代理冲突不同的两类家族企业的资本配置效率。具体研究产业政策的鼓励支持如何影响异质家族企业的长期资本投资效率、研发投资效率和负债融资效率。力图为优化我国产业政策的实施，促进宏观经济体系和微观经济企业个体的健康和谐运转提供理论支持和经验证据。

1.2 理论意义与现实意义

自 20 世纪 30 年代"伯利－米恩斯命题"诞生以来，现代企业理论中关于公司经营和财务行为的解释和分析大都是基于股权分散条件下的股东与经理之间的委托代理关系进行的。依据传统委托代理理论，大股东家族对公司经营管理活动高度涉入之后，家族企业不会产生所有者和管理者之间的委托代理问题，或者说企业中家族成员之间的代理成本较低。但随着研究的深入，学者们发现，不少企业任职家族成员的利益并不统一，同样发生着严重的道德风险、敲竹杠、逆向选择问题，严重时甚至威胁到企业的生存发展。进入 20 世纪末期，拉·波塔等（La Porta）（1999）研究发现在世界范围内所有权集中和大股东控制趋势普遍存在，其中家族大股东是典型的大股东代表。在家族控股企业中，金字塔控股结构是家族常用的控股模式。金字塔控股结构一方面使得控制链中的企业可以更好地相互进行资金支持，为家族企业融资带来便利；但另一方面控制权与现金流权分离，也为大股东攫取控制权私利的隧道行为带来便利。家族企业同时面临着股东与经理（家族经理与职业经理）以及股东与企业外部投资者（中小股东和债权人）多重代理冲突，使得家族企业代理问题具有较大的复杂性，结果是家族企业时而扮演"好管家"，时而扮演"差代理人"，家族企业也成为众说纷纭争不断的中心地带。

尽管实务界对家族企业孰是孰非争论不休，但是，家族企业领域的理论研究却长期受到忽略，令不少学者费解。例如，我国学者李新春（1998）曾经指出，"中国经济学者对家族制度研究的漠视是令人惊异的。"一些国外学者也提出，家族企业占据了经济和社会领域的很大部分，但是却很难见到管理学中关于家族企业研究的专门书籍和课程。进入 21 世纪之后，尽管情况略有改善，但总体看对家族企业的研究仍远远落后于其他专业领域的研究。因此，深化家族企业研究具有很强的理论意义。

　　在我国，研究家族企业问题还具有更加深远的实际意义。我国是一个家文化浓厚的国家，家在中国人的心中具有很高的位置，它甚至构成了整个中国社会的信任基础。家族企业的兴衰不仅涉及企业制度的演进问题，而且影响到国家社会文化基础的变革。另一方面，随着国家经济体制改革的推进，鼓励民营经济发展的政策大量出台，家族企业对社会经济生活的影响力度越加明显。此时，家族企业能否健康成长已成为关系我国经济体制改革顺利进行的重要因素。在企业经营与决策的各个环节中，资本配置行为是关键和核心环节，那么研究家族企业内部代理问题对企业资本配置效率影响，能够更好地从源头上探究影响家族企业资本配置的关键因素，降低代理冲突，最终实现家族企业和我国社会经济生活的持续健康发展。

　　此外，在我国，研究家族企业财务决策问题离不开特定的制度背景，政府强干预是我国"转型经济"下的重要特征之一。产业政策是一项重要的宏观政策也是政府干预常用手段。它通过对行业发展的鼓励、限制等政策手段深刻影响着企业的外部融资环境，进而推动（抑制）行业企业的投资，最终实现政府宏观调控目标。那么，研究政府产业鼓励支持政策对家族企业代理冲突与资本配置效率关系的影响，探寻产业政策对不同治理特征和代理问题的家族企业发生作用的政策传导路径，能够更好地做到提高宏观政策实施的针对性和有效性，实现社会经济生活和谐发展。

　　综上所述，本研究结合我国制度背景，从代理问题分析入手，联系企业外部产业政策，从资本配置视角上探讨家族涉入企业经营活动的经济后果，丰富了新兴转轨国家制度背景下家族企业治理和财务决策的研究成果，为代理冲突影响企业资本配置效率研究提供进一步的经验证据，因而具有较强的理论价值。本研究有助于中国家族企业改善内部治理实现健康持续成长，也有助于投资者和利益相关人理智对待家族企业，实现良性互动，因而具有较强的现实意义。本书结合宏观产业政策研究家族企业的财务决策有助于推动宏观经济微观效应的理论研究，因而具有较强的理论价值；同时也有助于提高国家宏观政策制定的针对性和实施效果，具有较强的现实意义。

1.3 相关概念的界定

1.3.1 家与家族

家在中国人心目之中不仅是一个的概念，已经形成了一种文化。家在中国人的心中具有很高的位置，它甚至构成了整个中国社会的信任基础。费孝通（1998）在《乡土中国》一文中写道："提到我们的用字，这个'家'字可以说最能伸缩自如了。'家里的'，可以指自己的太太一个人，'家门'，可以指伯叔侄子一大批，'自家人'可以包罗任何要拉入自己的圈子，表示亲热的人物。自家人的范围是因时因地可伸缩的，大到数不清，真是天下可成一家。"费孝通的这一表述形象地反映出国人对"家"内涵的理解。家既可以是由婚姻关系连接的由父母子女组成的小的单元，也可是由亲戚、同学、战友等构成的范围很广的泛家族。正是因为家概念具有的很大弹性，使得对家族的定义从不同的视角可能存在很大的差异。一般意义上的家族是指包含了父母和子女的原子式家庭，或者以婚姻和血缘关系结成的亲属集团。本书对家族企业的分析主要关注家族成员通过任职参与企业活动，那么企业任职的家族成员是本书研究家族的主要对象。而对于具有血脉、亲缘关系却不参与企业经营管理的家族成员，就不是本书关注的家族对象。

1.3.2 家族涉入与家族企业

（1）家族涉入与家族企业定义

家族企业在新中国的历史并不长，关于家族企业的定义大多来自国外研究。当前对家族企业的定义主要有三种类型。第一种是从家族涉入视角定义；第二种是从家族本质视角定义；第三种是从两者融合视角定义。家族涉入视角定义容易量化，是实证研究中惯常采用的定义方法。本质视角定义虽然能从理论上对家族本质进行深入反映，但难以量化，两者融合定义目前正在探讨之中。综上所述，鉴于实证研究是本书的主要研究方法，以及第三种融合定义方法目前尚不成熟的状况，本书主要借鉴家族涉入视角方法对家族企业进行定义。

家族涉入是指家族从文化理念、人际关系，组织权利等多方面涉入企业活动。其中，家族以正式组织权力方式涉入公司比较容易测度，也是历来研究的重点领域。家族从权力角度对公司的涉入，具体表现为三个维度：第一，家族所有，即家族拥有企业所有权，家族以持有公司股份的方式介入企业。第二，家族控制，即家族以拥有超额控制权的方式介入企业。本书主要指家族大股东通过金字塔控股，以较少的现金流权获得较多的控制权。第三，家族管理，主要表现为家族成员以出任公司高级经理、董事或监事的形式介入公司经营活动。

在家族涉入概念基础上，本书借鉴了苏启林、朱文（2003）以及谷祺等（2006）的研究，针对研究对象——上市家族公司来界定家族企业。家族企业是指满足以下两个条件的上市公司：第一，公司最终控制人可以追踪至自然人或家族（指以血缘、亲缘关系为纽带形成的家族）；第二，公司实际控制人以直接或间接方式控制的企业必须是被投资上市公司最大股东。本书的研究以家族控制的上市公司为对象，尽管家族上市公司并不能完全代表我国家族企业，但是从上市公司公开披露的信息中我们可以获取较为可靠的大样本数据，能够保证研究结果的相对客观和准确。

（2）家族企业类型

在家族企业研究中，大多文献将家族企业视为没有差异的同一体。但近年来一些学者提出家族企业具有异质性，而异质性家族企业的同时并存，是相关研究得出不同结论的根本原因所在，因此划分家族企业类型是深入研究家族企业问题的前提和基础（Schulze et al.，2001；王明琳等，2010）。研究指出家族涉入是家族企业最基本的特征，而家族对企业涉入程度，或者说企业对家族的嵌入程度存在较大显著差异（González et al.，2013；王明琳等，2013）。在家族涉入程度不同的情景下，一系列家族因素，包括家族共享知识、家族成员特质与关系、家族权利结构、家族代际数等各自以及相互作用共同对企业的资本配置行为和最终业绩产生影响，最终引导置身于其中的家族大股东选择成为"差代理人"或"好管家"。

由上可以看出，在界定家族涉入概念基础上，本书根据根据家族涉入企业的高低程度，将家族企业划分为家族高涉入企业与家族低涉入企业。首先，家族高涉入公司是指除了通过持股实现对公司控制之外，家族还通过实际控制人之外的其他家族成员介入公司经营管理活动，以担任董事，监事和高级经理等方式，高度介入公司活动之中。其次，家族低涉入公司是指公司实际控制人的其他家族成员不会在企业决策管理层（包括董事会，监事会和高级经理层）任职的家族公司。此时，自然人大股东的其他家族成员没有深入参与公司的经营及财务运作。借鉴杨学儒和李新春（2009）、王明琳、陈凌和叶长兵（2010）的研究，本书将同时具备以下两个条件的家族企业界定为家族高涉入企业：第一，家族控制权高于10%；第二，有至少两位家族成员介入公司管理（包括担任董事、高级经理、监事职务）。如果符合家族公司基本条件，不同时符合以上两个条件的公司划分为家族低涉入公司。

1.3.3 资本配置效率

广义上讲，企业资本配置是指将企业资本在不同来源之间和不同用途之间进行分配，涉及企业投资、融资、现金流、股利分配等财务活动过程。斯坦（Stein，2003）指出，整个资本配置过程主要包括融资和投资两个方面。鉴于投资活动和融资活动是企业整个财务活动的最关键环节，本书主要从投资和融资视角展开资本配置效率问题研究。

效率从一般概念来讲指对资源的有效利用程度。由于资源的稀缺性，企业需要对资本进行合理的配置，即提高资金投放的投资效率和资金筹集的融资效率。目前学术界对投资效率和融资效率的界定尚不统一。一般意义上，投资效率就是投入与产出的关系，是企业配置投资资金以获得更优境况的作用能力。财务学界的研究比较关注投资与企业目标之间的关系，学者提出，投资效率是指企业经过投资活动所投入资源的创造净收益、提升企业价值的能力（袁春生等，2006；叶蓓等，2008）。国内学者曾康霖（1993）是较早提出企业"融资效率"概念的学者之一。他强调企业融资方式的选择要关注融资的效率和融资成本，提出影响融资效率和成本的因素。宋文兵（1997）提出融资效率是企业资金的配置和使用效率，是指公司在融资的财务活动中所实现的功效。融资效率包括交易效率与配置效率，是公司财务活动中的能实现的功效。杨兴全（2004）认为企业利益相关者对融资效率的评价视角各有不同，融资效率内涵具有层次性。他首次提出公司融资契约的治理效率概念。

综合前人的研究，我们认为效率最终应通过企业的绩效或者价值来体现。因此，企业投资效率和融资效率高低最终表现为投资和融资行为对公司价值或公司业绩的影响程度，即企业投资活动或者融资活动是否提高了或降低了公司价值或公司业绩。因此，本书界定投资效率为企业长期资金投入使用之后提升企业价值的能力。本书主要研究全部长期资金投资效率和研发资金投资效率；同时本书界定融资效率为企业所融入资金能实现的功效。本书集中考察负债融资资金发挥的契约治理效应，提升企业价值的能力与功效。

具体而言，本书将资本投资效率、研发投资效率和负债融资效率界定如下：

第一，资本投资效率体现为企业资本投资支出与投资机会之间的敏感程度。资本逐利规律（capital follows profitability，Biddle et al.，2001）告诉我们，公司未来的投资活动取决于其当前的投资机会（使用盈利能力衡量）。当企业面临好的投资机会时，公司应扩大资本投资规模；当面临差的投资机会时，应缩减资本投资支出规模。资本投资支出与投资机会之间的敏感程度越高，说明企业资金投放行为越能够发挥资本逐利效应，为企业创造更多的价值，投资效率越高。反之，投资效率越低。

第二，研发投资效率界定为研发投资强度和研发投资的价值创造功效。研发投资是公司生产新产品或技术的前提条件，研发投资能够加强竞争力，保证公司长期的生存。因而企业增加研发投资，提高研发投资强度（本书使用研发投资规模与营业收入的比重来衡量）本身即具有增加企业内在价值的功效。因此，企业研发投资强度越高，研发投资提升企业内在价值的效率就越高。但是，由于研发投资具有高风险和获取收益期较长的特征，使得研发投资创造价值的效果具有不确定性，因此，本书进一步从研发投资的价值创造角度来研究研发投资效率。即如果随着研发投资强度的增加，企业价值的随之显著提高，那么研发投资价值创造效率越高，反之，研发投资价值创造效率越低。

第三，负债融资效率界定为企业融入债务资金为企业创造价值的功效。借鉴杨兴全（2004）的研究，本书研究的负债融资效率具体是指负债通过改善企业治理，最终发挥提高公司价值的效应。当负债资金能够显著提高公司价值时，表示债务融资效率越高；反之债务融资效率越低。

1.3.4　产业政策

迄今为止，各国学者对产业政策概念尚未达成共识。比较有代表性的是日本经济学家下河边淳等在其编著的《现代日本经济事典》中对产业政策的概括。该书提出产业政策是国家或政府为了实现某种经济和社会目的，以全产业为直接对象，通过对全产业的保护、扶持、调整和完善，积极或消极参与某个产业或企业的生产、经营和交易活动，以及直接或者间接干预商品、服务、金融等的市场形成和市场机制的政策的总称。本书主要借鉴我国学者周淑莲等（2007）的研究，将产业政策界定为一国中央或地方政府制定的，主动干预产业经济活动的各种政策的集合。产业政策的构成要素一般有政策对象、政策目标、政策手段与措施、政策实施机构、产业政策的决策程序与决策方法。产业政策实施手段主要有直接方式（包括政府配额制、许可证制、审批制、政府直接投资经营直接干预），间接方式（政府提供行政指导、信息服务、税收减免、财政补贴、关税保护等引导）和法律方式（立法规范企业行为、政策执行、政策目标与实施）三种。

本书力图运用实证方法研究宏观产业政策对微观公司财务行为的影响，因此如何衡量产业政策因素是研究的难点。产业政策研究的"很多工作属于探索阶段，但研究问题的重要性决定了我们愿意牺牲一定方法上的精确性"（陈东华等，2010）。由此，本书选择依据我国政府出台的"五年计划"来衡量产业政策对微观企业的影响。"五年计划"对中国经济和社会生活产生了深远影响，它的重要作用之一便是引导产业发展，实施产业政策。例如，第一个"五年计划"阶段，我国中央政府建立的产业发展原则是"发展重工业、构建基础性产业、实现国防现代化"。当第二个"五年计划"的实施完成之后，以上产业的产出量已达到 GDP 总量的 57.04%。再如 1978 年经济体制改革之后，发展第三产业成为五年计划的重要内容。之后从第八个"五年计划"开始，第三产业的比重得到显著增长。因此，我国"五年计划"对产业发展和经济增长产生了深远影响。

参照陈东华等（2010）的方法，并进一步进行拓展（陈东华等学者只研究了 2010 年之前，即"十一五规划"之前的产业政策，本书研究延伸至"十二五规划"），本书衡量产业政策影响的具体方法如下：在本书研究期间（2004~2012年）内，根据我国"十五计划""十一五规划""十二五规划"中关于产业发展的关键词，把全部行业划分为两个大类：鼓励性行业和非鼓励性行业。本书着重研究产业政策的鼓励发展对企业投融资行为的影响。在变量取值时，鼓励性行业设为1，否则为0。

本书设定的"十五计划"的关键词为："大力振兴装备制造业；把发展数控机床、仪器仪表和基础零部件放到重要位置；发展电子信息产品制造业：大力开发核心技术，大力发展集成电路和软件产业。""十一五规划"的关键词为："整个农业的投入将是中央政府投资的重中之重；提升电子信息制造业：大力发展集成电路、软件和新型元器件等核心产业，重点培育光电通信、无线通信、高性能计算及网络设备等信息产业群；培育生物产业：重点发展生物医药、生物农业、生物能源、生物制造；大力发展可再生能源；大力发展中药产业；大力发展现代物流业。""十二五规划"的关键词为："加快发展现代农业；发展先进装备制造业；推进重点产业结构调整；培育发展战略性新兴产业，大力发展节能环保、新一代信息技术、生物、高端装备制造、新能源、新材料、新能源汽车等战略性新兴产业；加快铁路客运专线、区际干线、煤运通道建设，发展高速铁路，形成快速客运网，强化重载货运网，建设城际快速网络，优先发展公共交通；全面提高信息化水平，形成超高速、大容量、高智能国家干线传输网络，推动物联网关键技术研发和在重点领域的应用示范；加强云计算服务平台建设；推动服务业大发展；大力发展循环经济；加强水利和防灾减灾体系建设"等。产业政策鼓励性行业的具体选择标准见本书第四章表4.2。

1.4 逻辑分析框架与主要研究内容

1.4.1 逻辑分析框架

本书在宏观经济学理论、委托代理理论、家族经济学理论与企业资本配置理论相融合的分析框架下，着重研究了家族企业代理冲突对企业投资、融资效率的影响，以及产业政策如何影响家族企业代理冲突与企业资本配置效率的关系。首先，家族企业在蓬勃发展的同时，也暴露出大量问题，引发实务和理论界对家族企业扮演"好管家"抑或"差代理人"的纷争不断。造成分歧的重要原因是大量研究忽视了家族企业的异质性。从家族涉入这一家族企业基本特征入手，本书根据家族对企业经营和财务决策影响力度的差异，把家族企业划分为家族高度涉入和家族低度涉入两类企业，分别考察了异质家族企业的代理问题特征。对家族高涉入企业，本书着重研究利他主义、创始人效应如何影响企业第一重代理冲突；对家族低涉入企业，着重研究了控制权和现金流权分离程度如何影响企业第二重代理冲突。并且，进一步研究了以上两重代理问题又是如何影响了家族股东与债权人之间的代理冲突。在此基础上，深入研究了异质家族企业代理冲突对家族企业资本配置效率（主要是投资效率和融资效率）的影响，力图从企业资本配置视角，更加准确地回答家族企业治理孰是孰非问题，找出提高家族企业资本配置效率的具体路径。之后，联系家族企业外部宏观产业政策，研究鼓励性产业政策是否改善了家族企业外部融资环境，进而如何影响异质家族企业代理冲突与家族企业资本配置效率的关系。在揭示异质家族企业代理冲突差异的同时，深入探讨了宏观政策的微观效应问题。通过研究家族企业内部代理冲突和外部政策环境对企业资本配置效率的影响，力图回答在我国转型经济制度背景下，家族企业扮演角色问题，找出影响家族企业成长的路障，实现家族企业的健康成长；同时，也力图探索提高宏观政策实施效果具体路径，实现宏观经济和微观企业良性运转。

1.4.2　主要研究内容

本书从我国家族企业发展现实情况出发，结合企业外部制度背景，进行深入的理论和实证研究，最后总结研究成果，提出政策建议。具体分为以下几个部分：

第 1 章绪论。提出研究问题，阐述研究目的，介绍本研究的理论价值与现实意义，以及论文的主要研究内容、研究思路，本书的研究特色与贡献。

第 2 章文献综述。主要分为两个部分，其一是围绕国内外关于家族涉入的治理特征、家族企业投资和家族企业融资这几个方面进行文献阐述；其二是围绕政府干预、产业政策的微观效应进行文献阐述。

第 3 章分析了理论基础与制度背景。首先，介绍了研究家族代理问题的相关理论。包括委托代理理论和管家理论以及桥接两者的利他主义理论。委托代理理论部分深入分析了家族企业的三重委托代理关系，管家理论介绍了理论的假设前提和基于管家理论的家族行为特征。针对代理理论和管家理论相互矛盾的研究结论，本章接着揭示了联系管家理论和代理理论的桥梁：利他主义理论。具体分析利他主义在不同情景下对企业代理问题的影响及后果。其次，从企业投资行为和融资行为两个视角，阐述了企业资本配置理论。第三，介绍了政府干预理论和产业政策理论的演进历程。第四，基于中国转轨经济制度背景，分析了我国家族企业发展演进过程，并揭示了我国家族企业资本配置的现状和问题，接着结合我国制度背景，回顾了产业政策制定实施历程。最后，细致介绍了产业政策对家族企业代理冲突与资本配置效率关系影响的理论分析框架。

第 4 章研究了产业政策对家族企业代理冲突与企业投资效率关系的影响。根据家族涉入企业的程度，将家族企业划分为高涉入与低涉入两类家族企业。研究发现家族高涉入企业主要面对第一重代理冲突。虽然创始人任职 CEO 削弱了第一重代理冲突，继而提高投资效率，但家族利他主义却增加了第一重代理冲突，显著降低了投资效率。另一方面，家族低涉入企业主要存在第二重代理冲突，控制权和现金流权分离增加了代理冲突，降低了投资效率。在当前制度背景下，相对家族低涉入企业，家族高涉入企业总体上代理问题比较严重，投资效率较低。进一步，结合企业外部宏观产业政策，研究产业政策对高低涉入两类家族企业投资效率的影响。研究结果表明，产业政策的鼓励显著改善了家族企业的融资环境，提高了低涉入家族公司投资效率，但却明显降低了高涉入家族公司的投资效率。在理论分析基础上之后进行了实证检验，对实证结果进行分析。最后得出研究结论和启示。

第5章研究了产业政策对代理冲突与家族企业研发投资效率关系的影响。这部分在深入细致地研究了高低涉入两类家族公司不同代理问题基础上，从影响家族企业研发投资的两个基本因素：风险规避和长期投资视域出发展开研究。首先分别研究了利他主义、创始人效应以及控制权与现金流权分离对高低涉入两类家族公司研发投资强度影响。其次比较了两类家族企业研发投资强度差异。更进一步，结合我国特殊的制度背景，研究了企业外部国家产业政策与家族企业涉入程度如何对上市公司研发投资价值创造的交互影响。研究认为，相对家族低涉入公司，高涉入公司由于家族多人介入，利他主义和创始人效应深刻影响了公司研发投资强度以及研发投资的价值创造。相对家族低涉入公司，家族高涉入公司的研发投资强度较小；国家产业政策鼓励放松了家族企业融资环境，给家族企业带来更多资金，但是，却降低了家族企业研发投资的价值创造，并且对家族高涉入的影响更为显著。在理论分析基础上之后进行了实证检验，对实证结果进行分析。最后得出研究结论和启示。

第6章研究了产业政策对代理冲突与家族企业债务融资效率关系的影响。这部分在深入细致地研究了高低涉入两类家族公司不同代理问题基础上，研究企业代理冲突对企业负债融资效率的影响。更进一步，本章结合我国特殊的制度背景，研究了外部国家产业政策与家族企业涉入程度如何对上市公司负债融资规模和融资效率产生交互影响。结果发现相比家族低涉入公司，家族高涉入公司负债融资效率较低。对家族高涉入公司，产业政策鼓励降低了负债融资效率；对家族低涉入公司，产业政策鼓励能够提高负债融资效率。之后进行了实证检验，得出结论和启示。

第7章研究结论与政策建议。主要对本书研究结果进行概括与总结，从研究结论出发，提炼出本书研究的启示并提出相应的对策建议。接着分析了本书的局限性以及未来可以深入进行的研究趋向。

1.5 研究方法与技术路线

1.5.1 研究方法

本书的研究方法主要体现为规范研究与实证研究相结合，定性分析和定量分析方法并举。在构建了产业政策对家族企业代理冲突与资本配置效率关系影响的理论分析框架的基础上，进一步结合我国制度背景，细致回顾了家族企业发展历程、家族企业投融资特征以及产业政策发展演进过程。力求将基础理论与制度背景相结合，理论研究和实证研究相统一。

规范研究（涉及第1、2、3章和第7章）主要建立在家族企业内部代理理论基础之上，研究家族企业的代理冲突与资本配置效率关系问题，并进一步结合宏观产业政策理论，研究产业政策对家族企业的代理冲突与资本配置效率关系的影响。研究遵循从概念提出到机理分析再到经济后果的逻辑思路，做到由外到内，内外联系。实证研究（涉及第4、5、6章）主要通过建立线性回归方程和联立方程，运用 SPSS、STATA 等统计软件，利用手工收集数据和数据库下载数据，对规范研究进行定量分析检验。

1.5.2 技术路线

本书技术路线如图1.1所示。

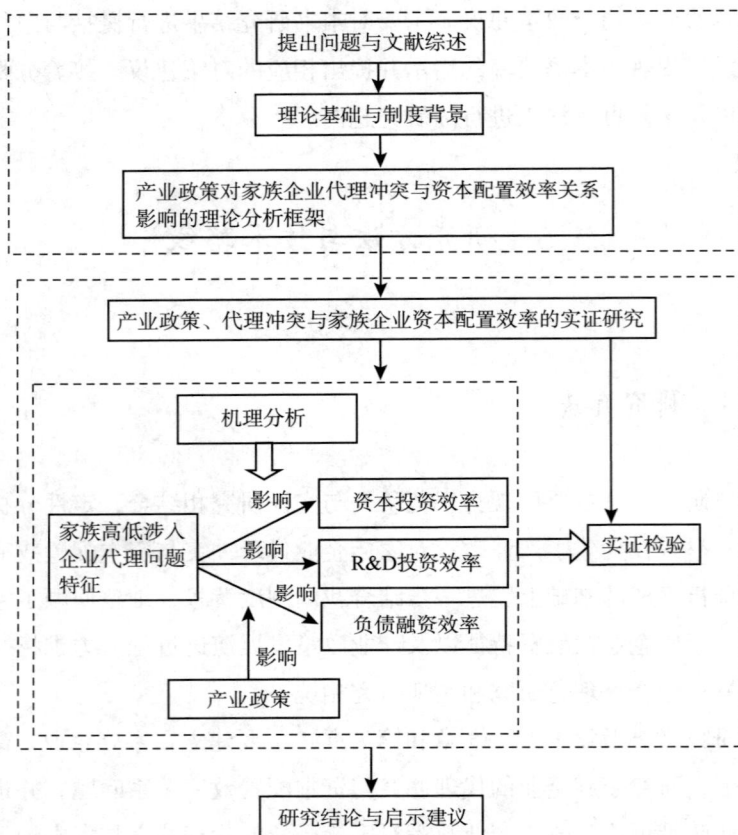

图 1.1　本书技术路线

1.6　本书特色与研究贡献

本书立足于我国经济的特征事实和历史背景，探究了产业政策、家族涉入与家族企业资本配置效率问题，与当前国内家族企业相关研究相比，本书的特色以及贡献主要体现在以下几个方面：

（1）以往研究大多忽视家族企业的异质性，将家族企业作为同一整体开展研究。但是现实是，家族涉入通过所有、控制、管理涉入企业活动时，由于家族涉入企业程度不同，家族内部治理特征和企业代理问题存在重要区别。而异质家族企业的同时并存，很可能是造成家族企业研究纷争不断的重要原因。由此，本研究根据家族涉入企业的不同程度，将家族企业划分为家族高涉入企业和家族低涉入企业两种类型，分别研究异质家族企业的代理问题以及对资本配置效率的影响。研究做到了从现象到本质，逐层深入，拓展了家族企业研究视野。

（2）国内以往家族企业研究大量集中在委托人与代理人之间的代理冲突如何影响了企业的业绩或者价值，由此得出不同结论，缺乏从具体路径入手研究家族企业代理冲突通过哪些环节影响家族企业的经营和决策。本书从企业资本配置这一具体路径入手，深入细致研究异质家族企业代理问题如何影响资本配置效率，打开了影响家族成长和最终业绩的黑箱，为探寻家族企业发展的关键因素，从而进一步改善家族企业治理，提升家族企业价值提供了较好研究视角。

（3）本研究首次结合家族企业的外部宏观产业政策环境，由外到内，内外联系，深入研究产业政策对家族企业的资本配置效率影响。研究发现，产业政策鼓励改善了家族企业的融资环境，但是对于家族涉入程度不同，具有不同代理问题特征的家族企业，产业政策鼓励对企业的资本配置效率影响具有显著差异。最终本研究做到了准确回答在我国转型经济制度背景下家族企业所扮演角色问题，能够找出影响家族企业成长的路障，实现家族企业的健康成长；同时，本研究也力图探索提高宏观政策实施效果的具体路径，实现宏观经济和微观企业良性运转。

（4）家族企业研究的广度和深度往往受制于家族内部亲缘关系数据的可得性，这是以往大量文献不能从家族企业最基本的"家族关系"特征来研究企业问题的障碍之一。本研究通过细致的资料搜集工作，从各种媒体（包括网络搜索引擎、上市公司年报）公开信息中手工搜集了 2003～2012 年在证券市场上市发行股票的家族控制企业家族涉入企业成员的亲缘关系，为进一步深入研究奠定了较为坚实的基础。

2

文 献 综 述

　　家族企业一度被认为是低效率的组织形式，家族企业研究也曾陷入低迷。但是实践表明，家族企业非但没有退出历史舞台，反而日益发挥出不可替代的作用。20 世纪 70 年代，由美国学者贝克尔（Becker）为代表开创了家族企业研究的新纪元。迄今为止，关于家族涉入企业（本书主要指家族以所有、控制、管理方式介入企业活动）之后，企业内部治理特征及经济后果的研究已经比较丰富，涉及诸多领域。例如，家族企业治理结构与模式、家族企业的委托代理关系、家族企业高管更换与高管薪酬、家族企业盈余管理与信息披露，以及家族企业投资和融资决策、家族企业现金流量决策、家族企业股利分配决策、家族公司业绩和价值、家族企业多元化经营、家族企业并购行为等多个方面。此外，结合家族企业外部治理环境因素例如债权人监管力度、市场化水平、政府干预等，综合研究家族企业经营和财务行为以及最终业绩的成果也比较丰富。在特殊历史背景下，我国家族企业发展历史较短，家族企业的研究起步也较晚，近年来才逐步丰富起来。本书以"家族企业""家族公司"为题名和关键词，查找了 CNKI 中国知网期刊与论文数据库以及维普期刊资源数据库中的文献。结果发现 2000 年之前，有关家族企业研究的文献只有 268 篇，其中核心期刊 79 篇，CSSCI 来源期刊 67 篇；2000～2004 年共计 1567 篇，核心期刊 469 篇，CSSCI 来源期刊 263 篇；2004 年以后，公开发表的文献每年都在

500 篇以上。同时，2000 年之前，未见硕博士论文关于家族企业的专题研究，2000 年特别是 2004 年之后，家族企业相关研究论文每年均接近或超过了 100 篇。详细情况见表 2.1、表 2.2。文献检索情况从总体上反映出我国家族企业研究逐渐发展、不断丰富的态势。

表 2.1 家族企业研究公开发表文章数量

期刊类别 \ 年份	2000 前	2000 ~ 2004	2004	2005	2006	2007	2008	2009	2010	2011	2012	2013
核心期刊	79	469	251	221	237	202	188	157	167	148	154	131
CSSCI 来源期刊	67	263	143	112	114	97	131	91	87	76	71	74
一般刊物	189	1098	554	483	533	611	659	557	546	536	547	434
合计	268	1567	805	704	770	813	847	714	713	684	701	565

注：2013 年度的部分期刊尚未完全录入数据库，因此该年度数据与实际数据之间会有差异；核心期刊数据来自 CNKI 数据库，CSSCI 来源期刊数据来自维普数据库。

表 2.2 家族企业研究硕博士论文数量

类别 \ 年份	2000 之前	2000 ~ 2004	2004	2005	2006	2007	2008	2009	2010	2011	2012	2013	合计
博士论文	0	12	9	12	9	12	11	12	7	9	8	5	106
硕士论文	0	40	53	47	84	96	93	76	96	102	121	57	865
合计	0	52	62	59	93	108	104	88	103	111	129	62	971

注：以上资料根据 CNKI 数据库整理所得；2013 年度的论文尚未完全录入数据库，因此该年度数据与实际数据之间会有差异。

从本书研究视角出发，本章主要对家族企业的定义、家族涉入企业对公司投资、融资、公司业绩和公司价值的影响以及政府干预对家族企业影响的文献进行综述。此外，由于我国证监会对实际控制人强制信息披露始于 2004 年，在此之前对家族上市公司的研究成果稀少，相关研究主要针对民营企业（或称私营企业）。而我国"民营企业中的 85% 以上均为家族控制"，因此本书将早期针对民营上市公司的研究也归为家族上市公司的研究。

2.1 家族企业定义

一般情况下，研究家族企业问题均从界定家族企业的内涵出发。家族企业的经典定义源自美国企业史学家小艾尔弗雷德·钱德勒（1987）。他指出"企业家式或家族式的企业是企业创始者及其最亲密的合伙人（和家族）一直掌有大部分股权，他们与经理人员维持紧密的私人关系，且保留高层管理的决策权，特别是在有关财务决策、资源分配和高层人员的选拔方面"。这一定义将家族拥有所有权和管理控制权作为家族控制企业的主要特征。以后家族企业的不少研究均建立在该定义基础之上。但是，目前来看，学界对关于家族企业的定义仍然存在着诸多分歧，尚未达成一致。梳理相关文献，借鉴克里斯曼（Chrisman）等（2005）对家族企业定义的分类，本书以下从家族涉入企业具体经营财务活动视角、家族企业内在本质（family essench）视角以及对两者协调融合的视角分别对家族企业定义进行综述。

2.1.1 家族涉入视角的定义

家族涉入是指家族从所有、控制、管理与代际传承等方面涉入公司经营与财务活动。基于家族涉入的视角的定义具有较强的可操作性，因此该方法常常用于实证研究。

蔡、克里斯曼、夏尔马（Chua，Chrisman and Sharma，1999）在250篇相关文献研究的基础上，对家族涉入角度定义进行了总结。他们分别从家族所有、家族治理、代际传承几个方面整理了所查阅文献中的定义。研究发现家族企业的界定方式一般使用了对家族所有权和家族管理权进行组合的方法。同时他们提出，随着家族企业研究特别是相关实证研究的发展，对家族企业进行可量化的清晰定义已成为一种研究趋向。法乔和朗（Faccio and Lang，2002）认为如果终极控制人——个人、家族持有公司10%（另外可选择性的标准为5%或20%）以上所有权，那么此类公司即为家族控制公司。此后，大量实证研究均沿用了法乔等人的界定方式（Maury，2006；Laeven and Levine，2008；Holderness，2009；Pindado et al.，2011，Anderson，Duru and Reeb，2012）。安德森和里布（Anderson and Reeb，2003a）将家族企业定义为创始人及其家族（由具有血缘或姻缘联系人员组成）成员个人或者是群体担任公司的董事、高级经理或是公司大股东。比利亚隆加和阿米特（Villalonga and Amit，2006）根据以往研究中家族所有、控制、管理涉入公司的不同界定，归纳了九种主要的家族涉入定义，并一一进行运用在实证研究之中。比利亚隆加和阿米特（2010）进一步按照家族所有、家族控制和家族管理界定了家族企业，在此定义下，家族企业被分为创始人家族持股并参与管理的企业、家族大股东持股并参与管理的企业、家族拥有控制权并参与管理的企业。

潘必胜（1998）是国内较早研究家族企业的学者之一。他研究认为，"当一个家族或数个具有紧密联盟关系的家族拥有企业全部或部分所有权，并直接或间接掌握企业经营权时，这个企业就是家族企业。"随着上市融资家族企业数量的增加，专门针对家族上市公司进行的实证研究日益丰富，学者对家族企业（家族上市公司）的定义也日趋明晰。中国台湾学者叶银华（2000）从研究上市公司的角度提出："具备以下三个条件可认定为家族企业：第一，家族持股比率大于临界持股比率；第二，家族成员或具有二等亲以内之亲属担任董事长或总经理；第三，家族成员或具有三等亲以内之亲属担任公司席位超过公司全部董事席位的一半以上。"苏启林和朱文（2003）将家族控制上市公司定义为："第一，最终控制者能追踪到自然人或家族；第二，最终控制者直接或间接持有的公司必须是被投资上市公司第一大股东。"谷祺等（2006）界定家族上市公司为："第一，终极控制权能归结到自然人或家族；第二，最终控制者直接或间接是此上市公司第一大股东。"目前，以上两类家族公司定义比较广泛地运用在我国家族上市公司的实证研究之中。此外，结合我国家族企业的特征，一些学者展开了细化研究。王明琳和周生春（2006）根据最终控制性家族与上市公司及其核心业务的关系，将上市家族企业划分为"创业型家族企业（FFB）和非创业型家族企业（N-FFB）"。之后王明琳、陈凌和叶长兵（2010）研究又进一步界定了严格的"狭义"家族上市公司，以区别于其他自然人控制的家族上市公司："第一，上市公司的实际控制者可以追溯到家族或自然人，且控制权 15%；第二，至少有两位以上具有血亲关系的家族成员担任上市公司高管职务（包括董事长、董事和高层经理职务）。"孔鹏（2005）、申明浩（2008）根据家族企业治理特征，将家族类上市公司区分为"企业家控制"的家族上市公司和"资本家控制"的家族上市公司两类。他们认为"企业家控制"的家族上市公司的特征主要是："第一，上市公司的实际控制家族是公司核心业务的创立者。如果通过借壳上市实现控制，那么控制家族为注入的核心业务的创立者。若上市公司创立时为非私有性质，那么该控制家族的业主或主要成员至少于公司公开上市日时即担任公司高管职务。第二，实际控制家族的业主或主要成员担任上市公司高管，或在上市公司的主要控股公司担任高管。第三，公司应有明确主业，主业没有经常变更。综合类和投资类公司主业不明确。"

2.1.2 家族企业本质视角的定义

近年来，一些学者认为，从家族涉入公司的几个层面来界定家族企业缺乏理论支撑。他们认为家族涉入视角的定义没有解释为什么家族涉入企业会导致产生家族企业的独有特征。家族从所有、控制、管理等几个层面涉入企业是家族企业的必要条件，但并不是家族企业成立的前提。因此从家族本质出发对家族企业进行理论性定义更为重要。

本质定义的代表性观点主要有：戴维斯和塔居里（Davis and Tagiuri，1989）提出判别家族企业，关键在于家族是否能够影响企业的战略方向。蔡、克里斯曼、夏尔马（Chua，Chrisman and Sharma，1999）指出应从公司的行为特质来界定家族企业。家族企业是由同一家族成员或者家族联盟控制的，控制人具有共同企业愿景追求，并且家族力图进行持续跨代传承的企业。哈伯逊等（Habbershon et al.，2003）提出家族通过复杂的系统影响着公司业绩和产出。家族企业构成完整系统，由三个组成部分：控股家族系统、企业法人系统和家族成员系统。家族公司是一个动态和复杂的实体，具有丰富的无形特征。戴尔（Dyer，2006）指出，家族主要通过家族目标、家族关系、家族资源等来影响公司业绩。哈伯逊和威廉姆斯（Habbershon and Williams，1999）基于资源观

（RBV）给家族企业进行定义：家族是一种资源，家族企业是家族、个体以及之间相互作用的系统。希尔曼和希特（Sirmon and Hitt，2003）认为家族和非家族资源的主要不同之处在于人力资本、社会资本、生存性资本、耐心资本与治理结构。

国内学者于立等人（2003）认为，家族企业以婚姻和血缘关系为纽带，家族是企业资金的来源以及持续经营的前提。贺志峰（2004）提出，家族企业是由关系契约与家庭契约联结而成的组织，与此对应的非家族企业则是由经理市场上的交易契约联结的企业组织。韦革（2009）指出家族企业是企业领导人为了实现家族利益，以家族性资源为基础和导向，联合家族要素和非家族要素、家族规则和市场规则，来实现优化配置企业内外部资源的复杂契约实体。

总之，从企业本质层面界定家族企业，使家族企业真正有别于其他企业，因而具有较强的理论意义。但是，这种方法也存在着衡量家族企业指标难以量化的问题。

2.1.3 融合性定义

以上两类定义各有优劣，不同的界定方式有各自的适用范围。为了减少研究分歧，一些学者开始探索将两类定义进行融合。阿斯特拉罕、克莱因和斯米尔尼奥斯（Astrachan，Klein and Smyrnios，2002）提出应该使用家族涉入如何影响公司行为来判断家族企业。克莱因、阿斯特拉罕和斯米尔尼奥斯（2005）运用了连续型变量来衡量家族涉入程度，而不是采用二分法进行衡量。泽尔韦格、爱德斯顿和凯勒曼（Zellweger，Eddleston and Kellermanns，2010）构建模型研究了家族主义在不同的家族企业是如何变化的，以此判定哪一类家族最可能产生家族主义。该研究根据家族发展独有的资源和竞争能力取向界定了家族企业。以上研究中通过方法创新较好地实现了家族涉入定义法与本质定义法的融合。

我国学者储小平（2004）提出家族企业涵盖家庭到家族再到家族关系整个网络。家族企业中，家族成员拥有的企业的所有权和控制权呈现连续分布状态。杨学儒和李新春（2009）研究提出设置"家族涉入指数"。"家族涉入指数"由多维度指标构成，用以评估家族涉入企业程度的高低。该指标既能够综合反映出家族涉入企业经营活动的复杂性，也表现家族企业的内在本质，实现了操作性和理论性的有机联系。

综上所述，关于家族企业的定义仍然是一个开放性的话题，家族涉入定义法和本质定义法也日趋融合。不少学者提出要从家族企业和非家族企业两分法分类的争论中摆脱出来，将精力放在研究家族参与对公司企业经营管理影响的效果研究上。根据本书的研究对象——家族上市公司，本书主要沿用国内实证研究中较常使用的家族涉入视角定义来界定家族企业，研究从家族涉入企业特征出发，深入分析家族企业的投融资效率问题。

2.2　家族企业治理结构

公司治理结构是一种联系并规范股东（财产所有者）、董事会、高级管理人员权利和义务分配，以及与此有关的聘选、监督等问题的制度框架。家族涉入是家族企业和非家族企业的最主要的差异，受到家族涉入的影响，家族企业治理结构的内容除了一般意义上的公司治理结构内容，还包括家族成员内部治理、家族成员与企业职员之间的关系治理等多方面内容。家族企业治理结构可以看作包含正式契约治理和非正式的关系治理。有关家族企业治理结构的研究比较丰富，本章主要从家族企业治理结构的特殊性角度综述国内外的代表性观点。

纽鲍尔和兰克（Neubauer and Lank，1998）较早以系统的观点表述家族企业治理结构。他们指出，企业治理结构是一个系统，包括指挥、控制、责任等多方面内容。由此出发，家族企业治理结构的构成要素主要有以下三个方面组成：家族及家族组织机构、企业董事会（由家族与非家族成员构成）、企业高管团队（由家族与非家族成员构成）。从系统观视角，家族企业治理结构是家族企业所有的利益相关者以及相互之间的联系与作用。具体表现为家族与企业董事会之间的关联，家族与企业经营者之间的关联，家族与企业管理层之间的关联，以及以上利益主体相互之间的多重关联。以美国学者克林·盖尔西克（1998）为代表，提出家族企业的三环治理模式。所谓家族企业的三环治理模式是指家族企业由家族系统、企业系统和所有权系统构成，他们各自独立而又相互交叉，形成三环治理模式（见图2.1）。以上三个子系统交叉构成七个分区。家族成员全部个体均分布在以上区域中。区域1表示仅是家庭成员；区域2表示仅是企业雇员；区域3表示仅是企业所有者；区域4表示既是家庭成员又是企业雇员；区域5表示既是企业雇员又是企业股东；区域6表示既是家庭成员又是企业股东；区域7表示既是家庭成员又是企业雇员，同时还是企业股东，其处于中心区域。三环模式具有严密的逻辑性和实用性，它明确了家族企业中个人和企业组织权责界限，能够清晰地反映出家族企业的在某一时刻的特定形象，因而成为家族企业治理研究的常用模式。

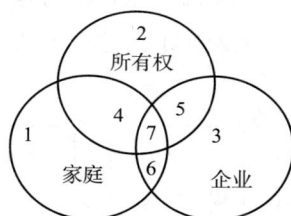

图2.1 克林·盖尔西克（1998）的三环治理模式

资料来源：克林·盖尔西克，家族企业的繁衍——家族企业的生命周期［M］．经济日报出版社，1998．

卡洛克和沃德（2002）发展了三环家族治理模式，进一步引入家族理事会。家族理事会的功能主要是通过定期召开理事会议，或者通过非正式家族内部讨论等方式，来促使家族参与企业事务，为有效发挥家族管理企业的作用构建渠道。家族理事会下的企业治理结构如图2.2所示。

贝格和卡雄（Berghe and Cachon，2002）认为运用三环或扩展三环模式来分析家族企业治理结构存在较大的局限性。他们把家族企业治理结构划分成五个层级。第一层包括公司董事会。第二层包括由企业主、公司董事会与公司经理。在这个层面，主要使用委托代理理论研究企业股东与经理之间的关系。第三层包括企业所处经济环境中的组织网络。这个层面的研究需运用整体观点，研究企业雇员、企业供应商和顾客等其他利益相关者。第四层包括更广泛的政府、社会经济文化环境以及企业的外部利益相关者。这个层面的研究需要同时分析企业的经济与社会权责。第五层延伸至企业经济制度、文化、价值和规范。这个层面涉及全方位跨学科问题，研究视角得到极大拓展（见图2.3）。

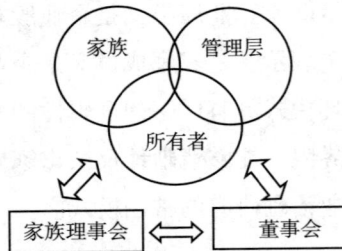

图 2.2　卡洛克和沃德家族企业治理模式

资料来源：卡洛克和沃德．家族企业战略计划［M］．中信出版社，北京：2002.

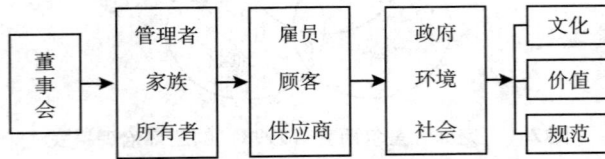

图 2.3　贝格和卡雄的家族企业治理结构

资料来源：根据贝格和卡雄（2002）有关文献整理。

　　家族企业治理既表现为静态结构也表现出动态特征。国外家族治理研究的代表人物克林·盖尔西克等，在家族企业治理的三环模型中加入了时间因素，由此将家族企业治理的三环模型发展为家族企业的三极发展模型。该模型的三极包括：所有权极、家庭极、企业极，构建了三极发展模型。依照时间的顺序，家族企业在以上三极分别发展，形成不同时期的家族治理模式。国内学者王宣喻等（2004）提出，我国私营企业大多使用家族治理模式。随着企业发展，引入社会人力资本时，家族企业内部治理模式会进行动态演变。由此可以看出，他们提出了中国私营企业内部治理结构演变的三维度模式图。三维分别

是企业形态维度、控制权维度、管理岗位维度。田银华、周志强和廖和平
（2012）在盖尔西克等（1998）三环治理结构的基础上，结合中国国情提出动
态三环模式。研究提出，家族企业治理由单一的财务资本产权治理模式拓展为
财务产权契约与人力资本产权契约协同治理模式。是一个动态耦合过程。如图
2.4 所示。

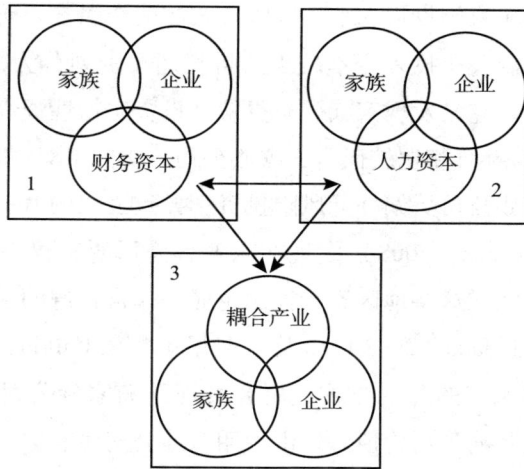

图 2.4　田银华等的动态三环治理模式

资料来源：田银华，周志强，廖和平．动态三环模式与家族企业产权契约治理研究［J］．商业经济与管理，2012（7）：40 - 48．

2.3　家族企业投融资决策

以前文献表明，家族涉入特征深刻影响了企业的公司治理、经营活动和财
务行为，以下就家族涉入对公司投资、融资行为的研究进行综述。

2.3.1　家族涉入与企业资本投资规模和效率

施莱弗和维什尼（Shleifer and Vishny，1986）认为，家族股东和分散股东

的目标存在差异。比较分散股东公司中管理者的投资决策，大型、有影响力的股东在投资时会更加谨慎和保守。斯泰因（Stein，1988）提出家族是具有长期投资视域的股东，具有强烈的保证公司长期效应和公司健康发展的动机。家族对公司长期的投入潜在地提升了企业长期投资视野，扩大了长期投资规模。大比例持股家族，有动机监控并且干预公司的投资决策来减少投资的近视行为。安德森、杜鲁和里布（Anderson，Duru and Reeb，2012）认为规避风险意识和投资视野是影响家族投资水平和投资方式的两个因素。研究发现比起分散持股公司，家族控制公司投入资本较少。将长期投资划分为 R&D 投资和资本投资两个部分时，研究又发现家族公司更偏好投资实物性资本项目而不是风险较大的 R&D 项目。并且相比较而言，家族公司一美元 R&D 投资能够产生的专利较少。总之，家族公司更偏好低风险投资，导致公司的 R&D 支出规模较小。魏和张（Wei and Zhang，2008）发现在东亚，公司所有权集中度降低了投资现金流的敏感性，而在这些地区家族控制企业是非常普遍的。莫尔加多和平达多（Morgado and Pindado，2003）以及卡普里奥等（Caprio）（2010）认为家族公司采用了非常保守的并购方式，研究发现欧洲家族公司在收购其他公司时，并没有损害被收购公司价值。以上说明家族公司没有通过并购行为进行过度投资。弗兰克斯等（Franks）（2010）认为在家族企业大量存在的国家内，相关制度的制定适应了家族公司发展的需求。结果是，甚至在高度依赖外部资本的行业内，家族企业也不处于劣势。这说明家庭控制可以减少投资不足的可能性。平达多（2011）研究了欧洲地区，家族的所有权结构是否能够减轻投资现金流敏感性。结果发现家族控制公司具有较低的投资现金流敏感性。进一步，研究发现较低的投资现金流敏感性是由于家族公司现金流权和投票权没有发生背离，而且家族成员担任了管理职位。我国学者陈德球等（2012）研究了家族超额控制对公司投资行为的影响。家族超额控制包括家族控制权与现金流权分离形成的超额控制，家族董事会占比超过控制权形成的超额控制。研究发现，家族超额控制程度越高，大股东越有动机谋取控制权私利，使投资偏离最优决策，投资与股价之间的敏感性减弱，企业的投资效率降低。在政府治理水平较差的地区，以上现象更加明显，而在政府治理水平较高的地区，企业投资与股价的敏感性得到增强。

2.3.2　家族涉入与企业研发投资

研发投资又称 R&D 投资。随着 R&D 投资对公司发展的重要性日益显现，有关公司治理及其激励结构如何影响 R&D 决策的研究在经济、管理和融资文献中也逐渐增加。早期研究关注的是机构投资者对 R&D 投资的影响，近年来研究发现，在世界范围内，不少公司是由公司创始人及其家族控制的，因此，关于创始人家族控制公司的研究开始成为热点问题之一。一般情况下，家族公司被认为是家族长期所有并参与公司治理，因此股东和经理之间的代理冲突较低。稳定持股的家族不仅把公司看作是投资收益的来源，而且是家族传承的财富。家族涉入对投资周期长，投资收益不确定的 R&D 项目会产生重要影响。中国台湾学者陈等（Chen）（2009）研究了家族所有、董事会独立性对公司研发支出的影响。研究发现，家族持股与 R&D 投资负相关，说明家族所有降低了 R&D 投资强度。但是，当 CEO 与董事长职位分离，并且公司董事会外部董事比例较高时，家族控制提高了公司的 R&D 投资强度。进一步研究发现，家族现金流权与控制权的分离度与公司公告期超额收益显著负相关。穆纳里（Munari，2010）运用代理理论和制度经济学理论，研究了不同类型的所有权以及不同的公司治理结构下，家族所有和家族控制对公司研发投资的影响。研究发现，家族持股与公司 R&D 投资负相关。穆尼奥斯—布利翁等（Munoz-Bullon et al.，2011）根据加拿大家族控股公众公司数据，研究了家族持股和控制对公司研发支出的影响。研究结果表现出多面性。一些家族涉入特征对研发强度的影响是正向的，但另一些家族涉入特征对研发强度产生了负向影响。由此作者提出，家族涉入与公司研发强度的关系受到了不同的研究前提条件的限制，比如公司资本成本、研究的时间区间、公司风险偏好与资源禀赋等。施密德（Schmid et al.，2014）运用德国上市公司的大样本数据，研究公司创始人及其家族涉入企业对 R&D 投资强度的影响。研究发现，家族控制与 R&D 投资强度之间负相关，但是家族积极参与管理却显著提高了 R&D 投资强度。这一结果与以前的研究发生矛盾。作者认为原因在于家族公司对 R&D 投资披露过于谨慎，造成利用财务报表数据的研究会低估公司

R&D 投资强度。

2.3.3 家族涉入与企业负债融资

目前，关于家族企业负债融资的研究方兴未艾，总体上看，国外对家族涉入影响公司负债融资的研究主要包括以下几个方面：第一，研究家族涉入影响公司资本结构的内在动因。一种观点认为，可以从家族保持公司控制权角度来解释家族控股影响公司资本结构。家族持股比例越高，为了降低控制权被分散的风险，公司负债规模就越大（Stulz，1988）。但另一种观点认为，规避风险是家族企业负债融资时考虑的重要因素，特别当家族成员担任公司董事或者 CEO 时，出于规避整个家族风险的考虑，家族公司会选择较低的负债比例（González，2013）。第二，比较家族公司与非家族公司（在西方国家是指分散持股公司）资本结构差异。施莱费尔和维西尼（Shleifer and Vishny，1997）提出大股东厌恶风险，而降低公司风险的方法之一是使用违约概率较低的融资方式。因此大股东控制公司对股权融资更加偏好，或者说大股东控制企业中债务资本所占比例较低。但是风险降低的策略会使中小股东承担额外成本。马格里蒂斯和普斯拉奇（Margaritis and Psillaki，2010）发现法国家族公司的债务比例要低于非家族公司。亚姆彭伯杰、施密德和阿赫莱特纳（Ampenberger，Schmid and Achleitner，2013）对德国家族公司的研究也得出相同的结论。但是，金和桑托尔（King and Santor，2008）认为，家族公司的债务比例要远高于非家族公司。斯蒂亚—阿马贾（Setia-Atmaja et al.，2009）研究澳大利亚样本公司后，也发现同一现象。埃吕尔（Ellul，2009）和克罗斯、祖卡斯和果宁克（Croci，Doukas and Gonenc，2011）研究了多个国家样本，发现家族成员持股与债务比例之间是正相关关系。他们提出家族大股东将公司视为家族传承财富以及对家族声誉关注的可能性更高，因此，家族大股东持股会降低债权人与股东之间的代理成本，公司负债规模将会随之提高。此外，安德森、曼奇和雷布（Anderson，Manci and Reeb，2003b）研究认为家族公司的债务水平与非家族公司没有显著差异，说明创始人家族没有通过资本结构决策来降低公司风险，即家族对上市公司的持续持股并没有导致对中小股东财富的攫取。第三，研究家族大股东如何通过掌握控制权与管理权涉入公司经营管理活动，发挥对债务融资的影响。默克等（Morck et al.，1988）认为创始人家族成员担任CEO时会影响代理冲突。通过担任CEO，家族紧密地将公司行为和家族利益联系起来，能够降低债务代理成本。冈萨雷斯（González，2013）研究了532家哥伦比亚私营企业公司1996~2006年的样本，发现公司债务水平与家族对公司涉入（家族成员作为股东、董事会成员、高级经理参与公司活动）有关联。当家族介入董事会（但没有参与管理）时，公司财务杠杆比较低，说明在直接家族控制和间接债权人控制之间存在替代效应。当家族涉入公司管理活动时，公司债务水平也较低，并且创始人担任CEO时会加强这种负相关关系，说明创始人倾向于风险规避而家族成员倾向于借债。第四，研究家族涉入对公司债务融资成本的影响。菲拉托特切夫和密茨凯维支（Filatotchev and Mickiewicz，2001）提出集中性的股权索取者能够和银行或者其他固定债券持有人勾结在一起，攫取中小股东的利益。米勒和因得斯特（Mueller and Inderst，2001）认为集中性所有权与更高的债务代理成本有关。但威华塔纳坎当（Wiwattanakantang，1999）指出家族所有权有助于降低债务代理成本。卡森（Casson，1999）和沙米（Chami，1999）指出除了股权集中，创始人家族还在关注公司长期利益和关心公司声誉（家族声誉）两个方面与其他股东有差异。创始人及其家族对企业的长期生存感兴趣，而且他们力图把公司看作资产留给家族后代，而不是在他们有生之年的一项可供消费的财富。因此，相对其他大股东，家族股东更加看重公司价值而非股东价值。那么股东和债权人利益在家族公司中的背离情况就不严重，相对非家族公司，家族企业的债务成本较低。此外，创始人家族所有权的长期性以及追求长期声誉的特点，使得债权人乐于与之进行长期的合作，那么在债务成本与创始人家族所有权之间应该是一种负向关系。安德森、曼奇和雷布（Anderson，Manci and Reeb，2003b）研究发现美国的家族企业具有较低的债务成本。分析原因，他们认为主要是家族企业具有较长的投资视域，并且家族经理更加关注公司的声誉。债权人因此会降低借款成本。研究同时也发现家族成员任职CEO时，公司债务融资成本显著提高，但这种现象主要发生在创始人后代担任CEO的情况下，这说明家族后代任职CEO损耗了公司价值。总之，国外学界对家族大股东融资问题研究虽然比较深入，但是研究结论仍然存在较多分歧，特别是实证研究还不够丰富。

由于特殊的产权性质，我国民营企业长期受到融资难的困扰，因而大量研究集中于分析比较国有企业和民营企业（家族企业）的融资差距问题。近年来，也有少量研究开始关注家族企业其自身治理特征对负债融资决策的影响。特别是家族上市公司，由于规模较大且整体业绩较好，在融资方式选择方面已有很大的自主性，因此从家族企业特征入手，研究家族涉入与公司负债融资的文献也在逐渐增加。代表性的有：肖作平等（2007）研究了大股东对公司债务期限结构选择的影响。研究表明，公司第一大股东持股比例与公司债务期限显著负相关。周立新和陈凌（2009）发放问卷调查了浙江和重庆两地的家族企业。研究将家族企业目标分为以家族利益为中心的企业目标和企业增长为中心的企业目标两类，结果发现家族控制能够较好实现家族目标，但是对企业增长目标没有显著影响；家族控制与企业利润之间呈显著的"倒 U 形"关系，与银行贷款之间是显著的正相关关系，与股权融资是显著的"U 形"关系；同时家族利益目标与亲友借贷显著正相关，企业增长目标与股权融资显著正相关。冯旭南（2012）以 295 家家族上市公司为样本，研究了家族上市公司债务融资的动机。发现终极控制权和所有权的分离程度越大，负债融资的比例越高；在治理环境不完善的地区，这一特征尤其明显。这说明上市公司进行银行融资不是为了发挥债务的治理效应，而是为了增加其可以控制的资源，为终极控制人的掏空行为提供便利。苏忠秦等（2012）利用我国 2002～2008 年家族控制上市公司数据，检验在中国债权人法律保护较弱的背景下，家族控股股东是否影响公司债务期限结构。结果表明，家族控股股东的控制权越大，公司长期债务水平显著较低。此外，终极控制股东的控制权与现金流量权分离度与公司债务期限显著负相关，终极控制股东在上市公司中指派高管与公司债务期限显著负相关。综上所述，可以看出，由于我国家族企业发展历史较短，信息披露制度不够完善，家族企业自我保护意识强烈，家族企业研究数据较难获得等原因，目前结合家族企业治理特征专门研究家族公司负债融资问题的研究总体上看比较零散，研究成果尚不丰富。

2.4 家族涉入与公司价值

　　研究家族涉入对公司价值影响的文献较多，以下对近年来具有代表性的研究成果进行综述。安德森和雷布（Anderson and Reeb，2003a）认为，世界范围内的家族持股是普遍现象。研究发现家族控股与公司绩效之间的关系是非线性的，而且当家庭成员担任 CEO 时，公司业绩要优于公司由外部人员担任 CEO。这说明家族持股是一种有效的组织形式。但约翰逊等（Johnson et al.，1985）提出家族创始人任职对公司业绩也有损害，研究注意到当创始人突然去世的消息公告时，会产生正的股票价格反应。安德烈斯（Andres，2008）以德国 275 家家族上市公司为研究样本，检验了创始人家族所有权与公司绩效的关系。研究发现家族公司比非家族公司盈利水平高，但此结果仅仅存在于创始人积极参与了董事会决策或者管理层决策的情况下。这说明家族公司业绩表现较好是具有一定条件的。莫尔加多和平达多（Morgado and Pindado，2003）研究发现家族控制对公司利润的影响呈非线性。比利亚隆多等（Villalonga et al.，2006）研究认为家族涉入公司的不同维度对公司价值的影响是存在差异的。当家族成员是公司 CEO 或董事长，同时雇用了职业 CEO 时，家族持股能够提高公司价值。但是，家族双重持股和金字塔结构却降低了家族企业价值，并且后代任职 CEO 时，也会损害公司价值。

　　苏启林等（2003）以 2002 年在上海、深圳证券市场上公开交易的 128 家家族类上市公司为研究样本，发现中国资本市场上控制性家族产生的代理问题刚刚开始。家族类上市公司中既存在所有权层面的控制权与现金流权分离所形成第一重代理问题，也存在家族企业主与家族/非家族雇员在管理层面形成的第二重代理问题。前者对家族类上市公司价值具有负面影响，而后者的影响并不确定。张俊喜和张华（2004）的实证研究表明，民营上市公司中大股东的隧道（tunnling）行为普遍存在。相比非民营企业，家族控股股东持股比例低，并且非家族大股东对家族大股东具有较强的制衡能力。申尊焕（2004）运用 2000 年和 2001 年 26 家民营上市公司数据，研究了我国上市家族企业的业绩。

结果发现总体上看家族上市公司业绩较好，但存在业绩两极分化的趋势。苏启林等（2005）运用了基于股权割裂、渐进式转轨经济与东亚管理文化三个维度的研究框架，分析了外部环境对民营上市公司低控制权形成的影响。民营上市公司低控制权容易产生所有权层面、所有权与控制权层面的双重代理冲突，进而降低了企业价值。谷祺等（2006）探究了家族股东现金流权、控制权、现金流权与控制权分离度对我国家族上市公司价值产生作用的机理以及程度。研究表明，我国家族上市公司现金流权与控制权的分离是东亚国家地区中的最高水平。反映家族治理特征的指标家族现金流权比例、家族控制权比例、现金流权与控制权的分离率均与公司价值显著负相关。杨龙志等（2006）研究得出结论，家族企业融入外部资本和引进管理资源时均存在追求短期销售业绩的倾向；清晰分割家族企业股权能显著提高企业业绩。王力军、童盼（2008）考察了民营企业控制权与现金流权的分离度、多元化经营与企业业绩之间的关系。研究发现直接上市的民营企业终极控制人金字塔控股以及企业多元化经营对企业业绩没有显著影响；间接上市的民营公司终极控制人现金流权与控制权的分离程度以及多元化程度越高，企业业绩越低。王明琳和周生春（2006）提出了"控制性家族双重三层委托代理关系"。运用2004年212家上市家族企业样本，将家族企业分为创业型家族企业（FFB）和非创业型家族企业（N-FFB）两类。研究发现虽然两者都属于家族企业，但面临着不同的代理冲突。之后，王明琳和陈凌等（2010）研究将一般意义上的家族上市公司分为"真正"或称为"狭义"的家族上市公司（FB）和自然人上市公司（PB）两类。从家族所有、家族控制和家族管理三个维度考察了民营上市公司的家族治理对企业价值的影响。实证结果表明：总体上，家族治理降低了民营上市公司的价值，但家族所有、控制、管理三个维度的影响各不相同，家族治理的效果最终取决于不同维度之间的组合方式。许永斌，郑金芳（2007）整理和计算了家族上市公司最终控股股东及其一致行动人的控制权及现金流权，从家族控制权的持有比例、取得途径、实现方式、内部结构及现金流权比例、管理参与度、所在地域差异等方面分析了我国上市民营公司家族控制权特征与公司价值之间的关系。结果发现从家族有限的劳动力库中筛选CEO实质上潜在地阻碍了外部有能力的CEO进入，因此创始人家族任CEO公司的Tobin's Q值较低，但该结果只限于创始人后代任 CEO。在创始人任 CEO 公司中没有发现这一现象。

此外，我国部分学者深入地探讨了家族内部权力配置特征对企业价值的影响。李新春，檀宏斌（2006）分析百年家族企业香港利丰的案例发现，冯氏家族企业在跨代成长过程中发生了两次内部两权分离。因为缺乏相应的家族治理机制，这两次两权分离是短暂和不稳定的，反而对企业的持续发展造成威胁。李新春、刘莉（2009）运用了创业、战略管理和社会学理论，将关系网络区分为"嵌入性"和"市场性"关系网络。前者以社会关系、非经济交易契约为基础，后者以市场谈判契约为基础。作者探讨了随着企业年龄和规模变化，嵌入性—市场性关系网络的演进特征。最后选取 270 个家族企业样本进行了实证检验。何轩、朱沆（2008）以非上市家族企业为研究样本，探讨了家族企业外部职业经理人治理模式如何影响家族企业决策质量。研究认为职业经理人持股与企业经营业绩和战略绩效之间没有直接关联。因此，在西方广为提倡的职业经理人持股的家族企业治理模式，在我国并不适用。职业经理人持股与家族企业决策质量并无显著关联，并且可能因而导致家族成员的不公平感，最终降低家族成员决策效率，影响家族企业决策质量水平。贺小刚和连燕玲（2009）基于我国家族上市公司的数据，研究了家族权威及其配置问题。发现家族成员内部权威集中度与企业财务业绩和市场业绩之间有着密切关系。之后，贺小刚等（2010）细致分析了我国家族上市公司所有家族成员内部权力偏离状况。在探讨家族成员投票权、现金流权以及管理权偏离情况基础上，深入研究了家族成员内部权力偏离如何影响公司治理效率。作者进行了大样本实证检验，结果表明我国上市家族企业内部家族成员中普遍存在权力偏离。家族成员所拥有的投票权、现金流权以及管理权并不完全对称或互补。家族成员之间的权力偏离会导致比较严重的家族问题与代理冲突，最终降低了上市家族企业的治理效率。伴随家族的财富增长，家族成员内部权力偏离会进一步加重家族代理冲突。贺小刚等（2011）研究也发现，创始人离任时，权力交接模式的选择对企业成长产生重要作用。因此，在创始人离任时，家族应充分认识权力交接模式的差异性，密切关注不同来源（来自家族内部或者外部职业经理）的继任者在创始人权力交接时可能的反应，以及交接模式对企业的影响。

2.5　政府干预、产业政策对企业资源配置影响

决定和制约企业行为的因素可以分为两个方面：一是企业内部因素，主要包括企业动力、利益、目标、决策、激励、约束等；二是企业外部因素，即制度环境，主要包括是经营环境、市场条件、供求状况、政策法令以及法律制度等。制度因素对企业行为的影响在新兴和转型国家表现得尤其明显。这是因为，相比其他国家的企业，转轨国家企业所面对的外部不确定性更高，企业需要时刻关注制度变迁中自身所面对的发展机遇以及制度变迁会对企业发展战略、投资和融资行为、经营决策、交易费用产生的影响（孙铮、刘凤委、李增泉，2005）。我国制度背景的一大特色是政府干预，政府干预深刻影响着企业的资源配置活动。政府干预体现为政府运用包括行政手段、货币政策、产业政策、补贴政策、财政税收政策等宏观政策直接或间接干预微观企业的行为。黎文靖、程敏英、黄琼宇（2012）研究了地方政府竞争如何影响资源在民营企业之间的配置。研究发现与买壳上市家族企业相比，直接上市家族企业获得了较多的银行贷款、税收优惠和政府补贴。但与此同时直接上市的企业也承担了更多的地方政府任务，表现为过度资本投资和负担超额雇员，最终服务于地方经济、社会目标。陈文婷、李新春（2008）研究认为研究上市家族企业行为表现及其影响动因时，外部制度环境是一个关键性的变量。在市场化程度高低（体现了政府干预程度高低）不同的两个样本组中，家族企业股权集中度、企业风险倾向和市场价值之间都呈复杂的非线性关系，但是两组的表现完全不同。陈德球等（2012）研究了不同的地方政府治理水平下，家族超额控制对企业投资效率的影响。家族超额控制体现为家族控制权与现金流权分离形成的超额控制，以及家族董事会占比超过控制权形成的超额控制。政府治理水平较差的地区，投资偏离最优决策，投资与公司股价之间敏感程度降低；而在治理水平较高的地区，能够提高投资与股价的敏感性。但也有研究发现，政府干预对上市家族企业银行贷款没有显著影响，在这方面政府表现为"无为之手"（江金锁，2011）。

企业建立政治联系时，会处于更强的政府干预之下，因此政商联系是政府干预家族企业经营、财务行为的重要途径之一。已有较多的文献研究了政府干预如何通过民营（家族）企业构建的政治联系来发挥作用。连军、刘星、连翠珍（2011）从资本投资视角探讨了民营企业构建政治联系承担的隐性代价。研究发现在市场化程度较低的地区，有政治联系的民营企业受政府"掠夺之手"的侵害，资本投资投资规模较大但投资效率较低；而在市场化程度较高的地区政府"掠夺之手"效应不显著。连军（2013）研究了组织冗余、政治联系对民营企业 R&D 投资影响。通过政治联系视角探寻了市场制度环境影响民营企业 R&D 投资的具体路径。研究发现政治联系对民营企业 R&D 投资影响不确定。市场化程度较低地区，政治联系不利于民营企业 R&D 投资；在市场化程度较高地区，政治联系可以促进企业 R&D 投资，但效果微弱。

产业政策是国家干预经济的重要手段之一，对经济生活产生了重要影响。目前国内对产业政策微观效应的研究刚刚开始，陈等（Chen et al.，2013）、陈东华等（2010）研究了产业政策对公司融资的影响。叶玲、李心合（2012）以"十一五规划"即 2006 ~ 2010 年为研究期间，分析了产业政策对公司投资规模的影响。结果发现，国家鼓励支持行业公司的投资规模较大，并且产业政策鼓励和支持能够提高公司价值，降低公司管理者投资羊群行为。祝继高、韩非池和陆正飞（2013）研究了政治关联对不属于产业政策支持行业企业融资限制的作用，发现不属于产业政策支持行业的企业构建银企关系的动机更加明显，这一结果也反映出我国产业政策对企业融资约束的具有重要影响。但是，总体来看，研究产业政策微观效应的文献尚不丰富，有待拓展。

综上所述，从国内外研究现状可知，有关家族企业治理特征和家族涉入对企业资本配置决策影响的研究已经蓬勃发展，理论和实证研究初具规模，但总体来看，仍存在以下几方面的不足有待进一步研究：第一，家族涉入是提高还是降低了企业资本配置（投融资）效率，最终导致企业扮演"好管家"抑或演"差代理人"，研究尚未达成一致结论，留存较大研究空间。第二，国内研究大多将家族企业视为没有差别的同一类别，对家族企业异质性问题关注较少，而这正是造成研究分歧的重要原因。第三，国内联系家族内部亲缘关系，从企业资源配置具体路径入手，细致研究家族涉入对投资、融资决策影响的成果尚不够丰富和深入。第四，国内研究少见从三重代理问题入手，全面研究家族企业代理问题及其经济后果的文献。第五，研究我国企业财务问题离不开中国经济的特征事实和历史背景，强政府干预问题是研究中国经济问题必须面对的特征事实。结合企业外部宏观产业政策与微观企业内部治理特征，研究家族企业资本配置问题具有很强的理论和实践意义，需要进一步拓展。

3

理论基础与制度背景

3.1 研究家族企业代理问题的相关理论

3.1.1 委托代理理论

(1) 委托代理理论的行为主体假设

委托代理理论的建立前提是"理性经济人"假设。这种假设最早由英国经济学家亚当·斯密（Adam Smith）提出。他认为人行为动机的根本是追逐经济利益。人努力的目标是实现经济利益最大化，工作最终是为了获取经济报酬。美国管理学家麦格雷戈（McGregor，1957）把"经济人"假设概括为五个方面："第一，多数人天生懒惰，他们尽可能逃避工作；第二，多数人都没有雄心大志，不愿担负责任，心甘情愿受他人指使；第三，多数人的个人目标与组织目标矛盾，必须用强制、惩罚的方法，才能迫使他们为达到组织目标而工作；第四，多数人工作是为了满足基本的生理需要和安全需要，只有金钱和地位才能激励他们努力工作；第五，人大致可以分为两类，多数人都是符合于上述假定的人，另一类人是能够自己激励自己，克制感情冲动，这些人应负担管理责任。"

（2）家族企业委托代理关系层级

早在 20 世纪 30 年代，伯利和米恩斯（Berie and Means，1932）就指出，现代公司特征是所有权与经营权分离。追求个人效用最大化的股东与经理之间存在利益分歧，而信息不对称使经理能够利用其信息优势来谋求自身利益最大化，损害股东利益。罗斯（Ross，1973）首次把以上问题称为"委托代理问题"（又称第一类代理问题，本书界定为第一重代理问题）。此后，叶先和米克林（Jesen and Meckling，1976）、科斯（Coase，1993）等提出了"代理成本"概念，并系统构建了西方传统的经典委托代理理论。经典代理理论提出，解决企业第一重代理问题的关键是构建内部和外部治理机制，抑制代理人的道德风险（Ross，1973）、逆向选择（Akerlof，1970）、敲竹杠（Williamson，1985）等机会主义倾向。内部治理机制主要有董事会、激励契约等，外部治理机制主要有产品市场、资本市场、代理人市场等。90 年代中后期，随着研究的深化，以拉·波尔塔、洛佩斯－德－西拉内斯、施莱弗和维什尼（La Porta，Lopez-de-Silanes，Shleifer and Vishny，1999）以及克莱森（Claessens，2000）等人为代表的学者发现，在美英国家以外，特别是在体制转轨和新兴市场经济国家和地区中，大量存在着公司所有权高度集中以及金字塔控股现象，控股股东利用公司控制权侵占中小股东的问题凸显。此后，大股东与分散的社会中小股东之间的代理问题（又称第二类代理问题，本书界定为第二重代理问题）成为学界研究焦点。

家族是集中持股大股东的典型代表。与非家族企业不同的是，家族对一个企业的涉入（involvement）状况深刻地影响了企业的代理问题。由于家族对企业的涉入，使得一般企业代理关系打上了鲜明的家族涉入烙印，演化以下四个主要层次：

第一，家族股东与家族经理之间的委托代理关系。本书将家族股东与家族经理之间的代理问关系界定为第一重、第一层代理关系。传统委托代理理论下，所有者自己管理的企业不存在代理问题（Jensen and Meckling，1976）。在家族企业中，由于所有权与经营权重合，股东与经理之间的血缘关系可以保证经理不会通过薪酬机制、资源低效率配置等机会主义行为来侵占所有者的权益。此外，由于企业任职的家族成员之间普遍存在各种非正式契约，降低了企业内部信息不对称的程度。在上述前提条件下，企业目标就是最大化家族企业利益，因此家族企业是一种效率最高的组织形式。但是，随着家族企业的发展壮大，越来越多的现象表明，家族内部成员的利益并非完全一致。例如，创始人苦心经营，但是二代却偷懒、搭便车；频繁发生的家族内讧、夫妻反目、继承人之争等事件给家族企业带来惨重代价。以上这些现象如果运用传统代理理论无法进行较好的解释，引发了学者们的进一步思考。

20 世纪 70 年代，研究家庭问题的经济学家贝克尔等提出，家庭内部成员之间的利他主义是家与其他社会组织产生差异的根本原因。利他主义的可以表现父母无私地牺牲自己帮助孩子，或者孩子孝敬父母给予奉献，夫妇之间互敬互爱，等等。这些特征并不为厂商和其他组织所共同具备。随着研究的深入，学者发现家族内部成员之间的利他主义存在着对称利他和不对称利他两种类型。当父母对子女不计回报地慷慨给予，同时子女对父母孝顺奉献时，利他主义表现为对称利他。对称利他能够创造独特的家族内部激励机制，促使家族内部成员的利益趋于一致，以及家族成员对企业的特殊忠诚。以上均能够降低企业内部家族股东与家族经理之间的第一层代理冲突。但是如果业主对子女的利他超过子女对业主的利他，就会形成不对称利他。不对称利他非但不能降低代理本，反而加重了代理冲突。不对称利他情境下，不论家族经理的业绩和努力程度如何，家族业主都会对家族经理慷慨转移企业财富，这种行为一方面易引发任职家族后代搭便车、偷懒等机会主义行为，另一方面也会增加外部职业经理的不公平感。以上结果均加剧了家族企业的第一重代理冲突。由此可以看出，利他主义分析引起了经济学者的关注。本书将在后续内容中详细阐述。

第二，家族股东与外部职业经理的委托代理关系。本书将家族股东与职业经理之间的代理关系界定为第一重、第二层代理关系。家族企业股权高度集中，与分散持股企业相比，控股家族能够较好做到对职业经理人的有效监管，因此由所有权与经营权分离所引起的代理问题程度相对较轻。但是，在我国，受到传统文化的影响，整个社会信任关系建立在家文化之上，正如费孝通先生的指出中国人的社会结构"是好像把一块石头丢在水面上所发生的一圈圈推出去的波纹"，"波纹的中心是自己"，波纹"推及出去的圈子各不相同，一切皆以跟自己的亲疏远近为出发"。因此，家族企业严重缺乏对外来职业经理的信任。此外，我国正处于经济转轨时期，外部经理市场不健全，公司控制权市场和私有产权保护的法律体系均不完善。这些制度因素进一步影响了家族股东与外部职业经理之间的代理关系，增加代理成本。

第三，家族大股东与外部中小股东之间的代理关系。本书将家族股东与中小股东之间的代理关系界定为第二重代理关系。20 世纪 90 年代中后期，西方学者研究发现在体制转轨国家和新兴市场国家，上市公司普遍具有所有权高度集中的特征，控股股东广泛采用了金字塔控股结构。拉·波尔塔等人在《全球范围内的公司所有权》一文中提出，除了美、英、日这几个西方国家上市公司的股权分散度较高外，其余研究样本国家都存在终极控股股东，并且超过 20% 的企业从属于一个金字塔控制结构。克莱森斯（Claessens）等人（2000）研究了东亚国家和地区的上市公司，结果发现除了日本之外，有三分之二的公司存在控制性股东。我国上市公司股权高度集中也是一个普遍现象。研究显示，国内上市公司中家族控制的金字塔结构已经广泛出现，带来的一个直接后果是在上市公司层面"一股独小"。不少学者提出家族控股股东通过采用金字塔结构等控制权放大机制，使控制权和现金流权发生偏离，为掏空上市公司（tunneling）攫取控制权私利提供便利（Johson et al.，2000），最终侵害了小股东的权益和损害了企业的价值。因此，金字塔控股结构造成的两权分离很可能严重影响控股股东与外部中小股东代理关系，增加了第二重代理成本。

第四，家族控制人与公司债权人之间的代理关系。本书将家族控制人与债权人之间的代理关系界定为第三重代理关系。在初创阶段，家族企业资金主要为自有资金。随着企业规模扩张，特别是上市融资之后，负债已经成为企业的重要资金来源。延森和麦克林（Jensen and Meckling，1976）提出，当债权人将资金贷放给企业后，由于信息不对称，导致所有者的道德风险。迈尔斯（Myers，1977）也指出，所有者和债权人之间存在代理冲突。所有者损害债权人利益的方式一般有四种：资产替代（asset substitution）、债权稀释（elaim dilution)、股利支付（dividend payment）、投资不足（under investment）。债权人为了保护自身权益，通常事前设计借款保护性条款合约，并采取监督措施。但是，由于合约实施和监督成本很高，而且完美的保护性合约以及监督措施事前也很难设计，导致债权人向所有者索取更高的回报，使所有者承担更高的代理成本（Jensen and Meekling，1976）。20 世纪末，拉·波尔塔等人（1999）提出股权集中是除了少数发达国家之外的普遍现象，之后大股东控制下的企业与债权人之间的代理问题也日益引起重视。股权集中，家族超额控制以及家族参与管理深刻影响了家族控制人与债权人之间的代理关系，进一步加强（减弱）了股东与债权人之间的矛盾冲突。例如，安德森（Anderson）等人（2003b）研究发现，在家族企业里，家族所有降低了债务代理成本，家族担任总经理同样能够减轻家族股东与债权之间的代理冲突。冈萨雷斯（González，2013）却发现家族创始人担任总经理时，公司负债水平显著较低。就此，本书将在后续章节进一步分析。

3.1.2 管家理论

经典的企业代理理论能够较好地分析企业委托人和代理人的行为，在现代企业研究中得到大量运用，如何构建激励与监督代理人的有效机制成为企业所要解决的核心问题。但是，运用代理理论分析家族企业问题时却产生了障碍。例如，我们常常看到很多家族企业更愿意任用家族成员担任家族高管。因为在并不完善的激励和监督机制下，代理人家族高管可以不计报酬，辛勤劳作，实现家族与企业价值最大化。舒尔策（Schulze，2001）等学者认为家族企业的代理问题远比一般分散持股公司复杂，依靠传统委托代理理论无法做出令人信服的解释，必须拓展研究视野，引入家庭经济学、行为经济学等学科理论。20世纪 80 年代开始，管家理论逐渐得到家族企业研究者的青睐。管家理论认为代理人在社会动机和自我实现动机的驱使下，就会具有很强的归属感，力图追求实现委托人福利最大化，其行为特征如同一位企业"管家"（王明琳等，2013）。米勒、李和莱斯特（Miller，Le and Lester，2007）认为家族具有强烈的声誉偏好，他们将家族企业视为可以进行世代传承的财富。因此，家族企业投资视野比较宽广，短期牟利行为得到充分遏制，企业行为倾向具有明显的"管家"特征。目前，运用管家理论分析家族企业行为和业绩已逐渐成为研究热点之一。

（1）管家理论行为主体假设

管家理论（stewardship theory）建立在"社会人"假设、"自我实现人"等假设基础之上。"社会人"假设认为社会性需求是人的重要特点。"社会人"不仅追求经济利益，他还具有友谊需求、安全需求、被尊重需求以及归属需求等。"社会人"更加强调关注组织中人与人的相互关系以及人在组织中的归属感。美国学者马斯洛提出"自我实现人"假设。他认为获得自身发展与成长是人潜在的高层次需求。在满足生存、安全等基本需求的基础上，人期望能最大限度地利用和开发自己的才能。人具有经济动机也具有更高层次自我实现动机。因此，个人不仅具有自利动机，也具有利他动机、为他人服务动机以及慷慨动机等。

（2）基于管家理论的家族行为特征

管家理论认为，企业人（股东、经理）在个人内在动机的激励下采取行动，就像一位与企业利益攸关的"好管家"。管家理论的发展经历了两个阶段。早期原始形态的企业主要是企业主自己经营，业主是一个管理具体巨细事务的管家，针对早期企业管理的研究被称为古典管家理论。伴随现代企业的发展，委托代理理论成为公司治理研究的主流。但是代理理论的假设存在性的问题也引起广泛关注。经济人假设前提下，代理人必然有牺牲委托人利益进行机会主义行为的倾向。但是，我们会发现，现实企业中的代理人并不总是唯利是图的代表。例如公司高层经理，受自我实现动机的驱使，其目标有可能是追求委托人福利最大化。又如在家族企业，家族股东担任公司经理，出于公司声誉和长远发展的需求，会自觉抑制那些短期偏好，企业表现出明显的管家特征。现实问题导致管家理论的再次兴起。20世纪80年代以来，管家理论的研究逐渐深化。现代管家理论强调个人价值与文化观念在经济生活中的理性作用，比古典管家理论具有更开阔的视野，对于家族企业治理研究具有很大的解释力度与推动作用（Donaldson and Davis，1991）。

基于管家理论，家族企业的管家（类似代理理论中的企业经理、家族大股东等）相信在通过为组织努力工作实现组织福利最大化目标的同时，个人也实现了效用最大化。因此家族企业会在公司业绩、企业发展战略、企业组织和文化、与外部股东关系等方面具有较好的表现。家族企业管家对公司的未来长期发展战略更加关注，对新设备、新生产过程以及市场开发进行深度投资。此时企业会更加关注提升组织文化凝聚力，形成一种更为扁平的组织形式。企业职工也更容易形成团队，员工对企业更加忠诚。同时人力资本又能够获得更多培训机会，收入更好，经理更换率较低。总之，企业形成了一种合作性的文化，能够在一种非正式的情景下，达到公司的目标。管家理念下，家族经理与外部股东、供应商，消费者等能够建立起一种更为紧密的联系，公司能更好地适应环境，具备更强的可持续性竞争力，更好地实现企业成长和提高市场价值的目标。

通过以上分析可以看出，基于代理理论的受托人（经理、大股东）和基于管家理论的管家（经理、大股东）可能会具有截然不同的两类行为倾向。托西等（Tosi）（1998）将这两类倾向总结为如下：第一类倾向是，家族代理人会选择有利于自身的会计政策、投资时会尽量规避风险，将代理成本尽可能地转嫁给委托人；第二类倾向是，家族管家选择多元化投资战略来提高公司整体业绩，董事长与总经理两职合一能够提高企业的业绩，企业内部不存在代理问题。由上，我们认为看到代理理论与管家理论的基本假设几乎是针锋相对的，而两种理念下的结论也是存在巨大差异。但是，现实生活中我们会看到家族企业有时扮演坏代理人、有时扮演好的管家，单纯运用哪一种理论似乎都无法完满地解释问题。因此，融合代理理论和管家理论成为准确分析家族企业的行为重要前提。舒尔策等（Schulze）学者（2001）认为将利他主义理论引入家族企业代理问题研究，可为"代理理论与管家理论的桥接提供一个双方都能接受的媒介"（苏启林，2007）。

3.1.3　代理理论和管家理论的桥接：利他主义理论

自"经济人"假设开始成为西方主流经济学的基石后，经济学分析起点普遍成为追求个人效用最大化，以至于一些学者把利他行为当作一个多余的假设。但是，人类的利他行为并未完全走出经济学研究视野，即使是一些主流经济学家也不同程度地在关注这一问题（王明琳等，2011）。20 世纪 70 年代，美国学者贝克尔成功地将主流经济学分析范式拓展至家庭这一类非市场组织中，构建了利他主义经济学。在利他主义经济学视角下，家庭由一位具有利他主义的户主和一群自利的家庭成员所组成，家庭活动的本质特征为家庭成员（特别是父母与子女）之间的利他行为倾向。贝克尔们研究认为家庭内部的资源配置大部分是通过利他主义及相关义务来完成。受此启发，不少研究家族企业的学者（Schulze et al.，2001；Chrisman et al.，2005）指出，家族企业的研究应该引入利他主义理论。利他主义的存在使得家族企业的代理问题从本质上区别于其他类型企业组织。

（1）利他主义的内涵及分类

早在 19 世纪，哲学家奥古斯特·孔德（Auguste Comte）提出"利他主义"这一名词。根据新帕尔格雷夫经济学大辞典（1996）的释义，利他主义表示对他人福利的献身精神，是作为一种行为的准则，它和善行、无私等概念有密切关系。20 世纪 70 年代开始，以贝克尔（Becker）为代表的一批经济学家建立了利他主义经济学。贝克尔着重研究了利他主义在家庭行为经济学中的关键性作用。他认为"利他主义并非像以往定义的那样必然会减少个人适应性"，在利他行为生产过程中，利他主义者实际上也在实现自己和受益者"适应性"总和的最大化。在此前提下，假设利他者的边际适应性等于受益者的边际适应性，同样可以求解得到利他行为的均衡点。

利他主义可以划分为亲缘（或血缘）利他、互惠利他与纯粹利他三种形式（叶航，2005）。亲缘（或血缘）利他是指个体为具有亲缘（血缘）关系的其他个体提供帮助以至做出牺牲。亲缘利他在人类社会普遍存在，例如，家族内部兄弟姐妹之间的相互帮助，父母对子女的牺牲。这种利他主义不含有功利性，又称为"硬核利他主义"（hard-core altruism）；互惠利他是指在期望获得未来回报的前提下，没有血缘关系个体相互提供帮助的行为。互惠利他的实施具有严格条件，本质上是一种"利己"。互惠利他又称为"软核利他主义"

（soft-core altruism），这类行为具有明显的经济学意义。由于现在"利他"与未来"利己"存在着时滞性，因此互惠利他行为风险较大。首先，需要在施予者和受益者之间进行能够进行较长期的重复博弈，其次，为了降低受益者的道德风险和机会主义，需要构建利他行为识别和监控机制。在互惠利他持续期间，当施予者和受益者互换时，根据边际效用递减规律，同样数量的利他投入将产生更大的边际效用。在解释人类互惠利他方面，行为经济学发挥出独有优势，因而也得到长足发展；最后，纯粹利他是不追求任何物质回报，没有血缘关系的个体之间实施的利他行为。纯粹利他往往建立在社会道德理念或者共同的精神信仰之上。

（2）家族企业利他主义对代理问题的影响

家族内部利他主义的存在及其不同的表现状态会对家族企业代理问题产生深刻影响，最终反映在企业的表现：是"坏的代理人"还是"好的管家"。从正面效应来看，家族成员之间的对称性利他，即业主关爱子女同时子女孝顺的"父慈子孝"，能够促使企业产生自我实施的激励机制，激发和维持家族将企业看成全体家族财富的责任和义务感，创造家族企业独特的忠实能力，形成和实施比非家族企业更长期的战略。但是，家族企业业主过度溺爱也会引发不对称利他，导致"撒玛利亚人困境"（即父母对子女的利他水平超过子女时，子女会采取损害父母福利的行动和决策），结果子女偷懒行为得不到惩罚，能力低的家族经理也很少被解雇。同时，不对称利他引发的家族经理的道德风险会使职业经理产生严重不公平感，对未来前景不看好，机会主义行为增加。以上这些均会恶化家族企业代理冲突，提高代理成本。总之，利他主义对家族企业代理冲突的影响是一把"双刃剑"。

已有研究反映出，家族业主自控能力、企业发展阶段、不同文化背景等因素均会影响利他主义存在状态，进而影响家族企业的代理冲突，最终提高或者降低企业的代理成本。当家族企业业主自我控制力越小时，越倾向溺爱子女，进行不合理的资源配置（如不解雇无能的家族经理），也越容易造成子女的偷懒搭便车，造成不对称利他，增加代理成本，降低企业的效率。在企业发展的不同阶段或不同的竞争优势下，利他主义对代理问题将产生不同作用。首先，在家族企业创始阶段，巨大的生存危机使得家族内部凝聚力加强，企业主和家族经理人的目标利益基本一致。家族经理人会竭尽所能实现企业（包括业主）利益最大化。此时的家族代理人扮演了利他型"管家"角色。其次，当企业进入成长期和成熟期之后，企业规模不断扩张，外来资源大量引入。囿于自身知识和能力，家族经理人很可能无法胜任其职。如果家族业主出于利他考虑，继续向家族经理转移资源，就会引发自我控制下的道德风险问题。道德风险的成本超过家族内部双向利他所减少的成本时，家族经理人便转而扮演"差代理人"的角色。此外，各种环境背景差异也会造成利他主义不对称，引发代理成本增加。例如文化背景社会信任水平是影响利他主义效果的重要外在因素。社会信任水平越低的国家地区，越容易形成不对称性利他，激发受托人的"差代理人"倾向；反之，受托人越倾向于"好管家"。

（3）利他主义视角的代理人和管家行为融合分析

以下，本书借鉴克里斯曼、蔡和莎玛（Chrisman，Chua and Sharma，2005）的利他模型，具体分析家族利他主义如何使委托代理理论和管家理论在分析企业代理人（主要指经理）行为时实现有机融合。

首先，运用委托代理理论进行分析。设企业价值为 V，P 为代理人的利益。$V-P$ 为委托人的价值（$V-P$）。引入利他主义之后，设委托人对代理人的利他为 Lom，代理人对委托人的利他为 Lmo。如果委托人使自身利益最大化，并且对代理人采取利他主义，那么委托人的目标为：

$$\text{Max}\{(V-P)+Lom\times P\} \tag{3.1}$$

代理人的目标是

$$\text{Max}\{P+Lmo\times(V-P)\} \tag{3.2}$$

如果委托人与代理人的目标一致，代理人对委托人不采取利他主义，Lmo 等于 0，此时，委托人和代理人的目标为

$$\text{Max}\{P+0\times(V-P)\}=\text{Max}P \tag{3.3}$$

此时，不对称利他的存在（委托人赋予代理人利他，而代理人不采取利他），产生了代理问题；如果委托人和代理人之间是双向对称利他，那么 $Lom=Lmo=1$，那么委托人和代理人的目标均为 V，消除了代理冲突，委托人

和代理人利益均实现了最大化。

其次，运用管家理论进行分析。股东具备管家理念，对受托人赋予最大可能的信任和授权，并许以丰厚的物质报酬。受托人也同时具备管家理念，具有高度家族企业使命感和责任感，其目标与家族股东的利益目标会高度相一致（当委托人是家族业主，受托人是家族经理时最为典型）。基于信任和忠诚，公司受托人（经理人、大股东）其目标自然与委托人（大股东、中小股东）的利益目标相一致。因此实现了双赢。

由上分析，我们可以看到，在委托人（如股东）和受托人（如经理）双方完全对称利他的情况下，按照代理理论和管家理论分析，可以得出相同的结论。因此，在双向对称利他情境下，经理人行为具有"代理人"和"管家"的双重特征。总之，利他主义的存在状况，会引导企业内部控制人表现为管家还是代理人，利他主义起到了联系代理理论和管家理论的桥梁作用。

3.2　企业投资融资理论

3.2.1　公司治理视角的企业投资理论

早期的企业投资理论产生于 19 世纪 70 年代至 20 世纪 60 年代末。代表性的理论主要包括克拉克（Clark）的加速器投资理论，乔根森（Jorgensen，1963）的新古典投资理论、托宾（Tobin）的 Q 理论（1969）和邦德和米希尔（Bond and Meghir，1994）的欧拉方程。传统公司投资理论建立在一系列严格假设之上，包括资本市场信息对称、完全竞争、企业利益相关者的利益一致性等。由此推论出企业财务决策与公司治理结构之间没有必然联系。现代公司制企业的典型特征是两权（所有权和经营权）分离，掌握所有权的委托人与掌握经营权的代理人之间利益发生背离。当信息不对称和契约不完备时，代理人的"道德风险"和"逆向选择"问题随之产生。代理人的机会主义行为引起委托人契约安排不合理，最终浪费了社会资源。此时，通过改善公司治理机制，减缓委托代理问题，降低代理成本来提高企业投资效率和经营绩效成为学界研究的焦点。

（1）股东与管理者代理冲突下的投资行为

传统经济学认为分散的股权结构是现代企业的重要特征（Berle and Means 1932），公司治理的核心问题是解决股权高度分散下，股东与管理者（经理层）之间的代理冲突。延森和米克林（Jensen and Meckling，1976）指出所有权和经营权分离下，内部经理人根据持股比例获取剩余索取权，但却拥有高于剩余索取权的控制权。信息不对称和契约不完备使经理人很可能采取损害股东利益的非效率投资行为，具体表现为过度投资、投资不足等，最终降低了公司价值。

首先，"帝国构建"动机导致过度投资。一般情况下，公司经理能够从扩大公司规模中获取诸多利益：提高与股东的讨价还价能力、维持现有职位或增加晋升机会等（Shleife and Vishny，1989），因此公司经理具有较强的资本扩张动机，选择有利于自己人力资本价值提升而并非有益于股东的投资项目进行过度投资以及扩大非生产性消费，保留现金流减少股东的股利发放，最终牺牲了股东的利益。其次，保守策略导致投资不足或者过度投资。出于维持现有职位考虑，管理者可能会减少投资新项目。因为若管理者不投资，那么市场就无从获取信息来评价管理者能力（Holmstrom and Costa，1986）；或者管理者通过增加经营业绩较差的项目的投资，来维持原有的投资安排，因为放弃原有投资项目意味着以往投资决策的失败。由此，管理者既可能过度投资，也可能投资不足（Baker，2000）。此外，短视投资也会引发投资不足。为了提高自身在人力资本市场中的声誉，经理可能采取短期内迅速提高账面业绩和公司股价业绩投资策略，导致对固定资产折旧提取不足，对人力资源、研究开发等无形资产投资不足等（Narayanan，1985）。

（2）股东与债权人代理冲突下的投资行为

公司债权人与股东以及管理者之间也存在着利益冲突（Jensen and Meckling，1976）。当公司负债比例较高时，股东与经理具有很强的动机投资高收益同时高风险项目。如果投资获利，他们将获得大部分收益，如果失败，则债权人承担大部分损失，从而造成过度投资。但如果债权人在提供资金之前充分预见经理与股东可能的道德风险问题，就会对公司债券价值重新评价并调整债务契约的利率水平，造成资本市场上公司债券价格下降，债务利率水平上升，而这些融资成本均由股东承担，此时股东将放弃部分净现值为正的投资机会，投资不足。综上所述，股东与债权人之间的代理冲突也会对企业投资效率就会产生重要影响。

（3）大股东与中小股东代理冲突下的企业投资行为

自 20 世纪 90 年代之后，越来越多的研究发现股权结构在世界范围内表现出集中趋势，而股权分散与其说是一种常态，不如说是一种特例（Shleifer and Vishny，1997；La Porta et al.，1999）。掌控公司的大股东具有监督管理者的积极性，缓解了股东和经理之间的代理问题，但是大股东的出现却带来了新的代理问题——大股东与中小股东之间的代理问题。

大股东与中小股东之间代理冲突的根源在于控制权与现金流权的分离。控制权指投票权，现金流量权指依据持股比例享有的剩余索取权。控股股东一般通过金字塔控股、交叉持股以及双重投票三种模式实现控制权与现金流权分离。此时大股东持有少量的现金流量权，却获得了超额的控制权。格罗斯曼和哈特（Grossman and Hart，1988）提出大股东有动力使用超额投票权来转移或获取公司资源，谋取控制权私有收益（private benefit）。为了获得与控制权相匹配的收益，大股东会利用控制权进行过度投资或者投资不足，以谋取控制权私利，最终侵害中小股东的利益。因而大股东与中小股东之间的第二重代理问题会对企业的投资效率产生重要的影响，约束大股东谋取不当控制权私利的行为以提高企业投资效率成为投资研究的焦点问题。

3.2.2 公司治理视角的企业融资理论

企业进行长期资金筹集时，可以选择的融资方式主要有发行股票，债券（或贷款）以及使用内部自有资金。企业融资理论主要解决企业如何进行资本结构决策。

(1) 早期经典 MM 理论

现代资本结构理论是建立在经典 MM 理论基础之上的。MM 理论的发展历经两个阶段。早期 MM 理论构建在一系列假设之上，包括资本市场没有交易成本、企业经营风险相等、不考虑公司所得税等，此时，企业的价值与融资结构无关。之后学者逐渐将 MM 理论的假设放松，形成了税差学派、破产成本学派和权衡理论学派。莫迪斯里亚尼和米尔（Modisliani and Mille，1963）在模型中加入公司所得税，修正了之前的无税模型。这一研究直接导致税差学派的形成。破产成本学派认为，债务比例的增加会加大公司破产的可能性，使得融资成本和公司价值降低。权衡理论则认为公司最优资本结构是对债务的税盾利益和破产成本进行权衡的结果。MM 理论之后，资本结构理论有了较大发展，主要包括信息不对称下的资本结构理论、委托代理理论下的资本结构理论、公司控制权理论下的资本结构理论等。

(2) 委托代理理论下的公司融资行为

随着信息不对称理论的引入，企业融资理论发展形成所谓"新资本结构理论"。包括信号传递理论、啄序理论。信号传递理论的代表人物罗斯（Ross，1977）研究了债务的信号传递功能后提出，高债务意味着公司面临较高的破产机会，因而，高质量企业可以通过高负债对外显示其企业正面信息，增加公司价值。啄序理论的代表人物迈尔斯（Myers，1984）指出，公司内部经理比外部股东掌握更多公司经营和盈利情况的信息。信息不对称导致的逆向选择问题，信息成本低的融资方式成为公司融资方式的首要选择。因此，根据信息成本高低，企业融资顺序依次为：内源融资、外源融资，其中外源融资中，首先选择债权融资，其次选择股权融资。

经典企业代理理论提出，现代公司的特点是两权分离，掌握所有权的委托人与掌握控制权的代理人行为目标的不一致产生了代理冲突。延森和米克林（Jensen and Meckling，1976）把公司内部代理冲突划分为两种。第一种是股东和经理之间的代理冲突。经理掌握控制权但不能享有全部剩余收益，具有强烈机会主义行为倾向，由此引发了股东和经理之间的代理问题。为了避免管理者的行为偏离或损害股东的利益，股东就必须花费一定的成本来监督和控制管理者，因而产生了代理成本，即为股权代理成本。第二种是债权人和股东之间的代理冲突。股东享有剩余收益，但并不承担全部投资风险。相反，债权人不享有剩余收益，却要承担投资失败风险，债权人和股东之间的代理问题由此产生。此时，债权人会要求股东承担资产替代效应成本，即债务代理成本。股权代理成本与债务代理成本随着权益债务比率的变动相应改变，企业代理成本总和也会随之变化。在一定的资本总量下，使代理成本最低点时的权益与债务比例关系，即为企业最佳资本结构。

（3）企业融资的治理效应

企业采用的主要融资工具为债券与股票，但他们不应被简单地视为只是融资工具，同时也具有公司治理功效。根据不同的特性，债券可称为"条约治理"，股票可称为"随意处置治理"（Williamson，1988）。股权治理是指股东作为治理主体对公司实施的治理。股东可以运用内部治理机制和外部治理机制来发挥作用。具体为通过在股东大会的投票表决以及董事会对经营者的直接监督，或者通过资本市场、控制权市场及经理人市场等实现对经营者的间接制约。负债融资治理是指债权人作为治理主体对公司实施治理。主要的治理渠道包括：第一，在借款合约中设定保护性条款，如限制借贷资金的用途、限制高级经理薪酬等，同时监督合同条款的执行来实施对管理者的约束。第二，通过监督企业流动资产持有量、流动比率、速动比率等以保证企业具有足够的偿债能力，约束经营者滥用资金行为。第三，监督控制权。在约定的偿还金额无法支付时，将公司控制权由债务人向债权人的转移。

3.3　政府干预与产业政策理论

3.3.1　政府干预理论

家族公司财务行为离不开约束企业融资的外部环境影响。在企业外部环境中，政府发挥何种作用长期以来都是经济学研究的焦点问题，至今理论界仍然对此争论不休。早期的经济学者认为政府作用主要表现为"守夜人"。20 世纪 30 年代的全球经济危机使人们认识到古典自由主义经济学的局限性，政府干预理论随之诞生（凯恩斯，1936）。之后，经济干预理论逐渐成为现代西方经济学的主流。但是 70 年代，西方社会经济出现"滞胀"局面，经济停滞的同时伴随高失业与高通货膨胀。这让人们对政府政策作用产生了怀疑，凯恩斯主义受到严峻挑战。80 年代末和 90 年代初西方经济又一次出现大面积的经济衰退，凯恩斯国家干预主义东山再起，并融合新自由主义经济学，形成后凯恩斯国家干预理论。该理论主张政府应该依据经济周期特点实施相应的干预手段。但是，施莱费尔和维什尼（Shleifer and Vishny, 1998）等学者提出全球经济危机的反复发作无疑是对政府"扶持之手"观点的一种现实讽刺。他们否定了政府干预是"扶持之手"，提出政府的"掠夺之手"观点。他们认为：不论是专制政府还是民主政府，他们所追求的目标都与社会福利最大化目标相去甚远。虽然"掠夺之手"观点不否认政府会采取增进社会福利的行动，但也强调政府的干预行为有时会损害市场效率和公共福利。这种观点认为正确认识政府行为才能提出有针对性的政策建议。

3.3.2 产业政策理论

产业政策（industrial policy）一词最早出现在 1970 年，由日本通产省代表在 OCED（经济合作与发展组织）所做报告中提出。我国对产业政策的提法始于 1986 年中央制定的《国民经济与社会发展第七个五年计划》中。纵观世界范围内产业政策理论的演进过程，几经沉浮，在纷争中逐渐发展成熟。20 世纪 80 年代，查默斯·约翰逊在《通产省与日本奇迹》一书中将日本二战后的经济腾飞归功于产业政策。该书首次提出了"发展型国家"概念。发展型国家就是把发展经济放在首要位置的国家。但是经济优先发展并不意味着能真正实现经济发展，还必须具备一系列的社会政治条件。当发展型国家理论异军突起之后，产业政策一度成为学术界的热门话题。部分学者呼吁改革新自由主义经济政策，重塑产业政策传统，将产业政策提升至国家战略层面。通过国家直接干预战略产业发展，重振发达国家的国际竞争能力。但是也有学者对产业政策有效性提出质疑。由于政府往往忽视对成本利润的评估，大量资金很可能浪费在扶持夕阳产业或者构建所谓的"新兴"产业之上。在日本泡沫经济崩溃以及亚洲金融危机大爆发的之后，反对产业政策的浪潮汹涌。一些学者搜集了不同产业、不同时期、不同经济实体的产业政策实施效果数据，运用经济分析方法进行分析，研究发现产业政策的作用非常有限。甚至在发展成功产业中，产业政策也只在早期对个别产业发生了效用。另一些学者考察了产业政策实施后果是否存在差异。研究发现产业政策实施方式尽管多种多样，但一般均可归为保护性政策和扶持性政策。保护、扶持型产业政策一般只能对处在发展初期的基础产业或者时新兴产业起到提升竞争力的积极作用。但是，当这些"幼稚产业"进入成熟阶段之后，产业政策极易成为某些产业利益相关者获取私利的通道，无益于增进整体经济利益水平。

但是，从20世纪90年代开始，产业政策理论重新得到了学术界的重视。1997年斯蒂格利茨在《政府为什么干预经济》一书中对批评产业政策的观点进行了评述。2000年斯蒂格利茨发表演讲"在一个全球化世界中的发展政策"时提到，新古典经济学模型中完备信息的假设在现实生活中不存在，而信息不充分和信息不对称却是普遍现象。因此，新古典经济学下的市场"看不见的手"无法发挥作用，需要政府来纠正市场失灵。拓展到国家产业发展上，斯蒂格利茨认为政府应该在关键的环节比如科技创新、知识扩散等方面进行主动干预。因为创新过程本身存在巨大风险，是市场失灵领域，因此实施产业政策对国家经济发展很有必要。另一方面，产业政策实施关键环节是识别产业发展中的市场作用空白领域，创造纠正市场失效的机制和手段。韩国学者张夏准在斯蒂格利茨研究的基础上，提出"国家干预的新制度主义理论"，他认为产业政策在促进经济和谐发展和推动产业升级方面的作用强大。但产业政策也可能导致抑制企业家创新精神，为寻租行为提供温床，存在明显的负面效应。

目前关于产业政策争论虽然没有尘埃落定，但总地来看，学界对产业政策的必要性已经没有过多争议，研究主要关注的问题是，如何恰当实施产业政策让其顺应市场需求。正如经济学家林毅夫提出的"世界上的每一个国家也都在有意或无意地追求某种产业政策，即使人们不喜欢产业政策的理念，但每个国家仍然在使用它"。现实经济中，产业政策实施的路径包括三种：一是政府主动安排资源配置，甚至直接进行投资干预；二是政府进行协调，引导非公有经济对鼓励产业的投资积极性；三是政府提供服务，包括基础性服务、社会性服务、经济性服务等。同时政府通过构建各种形式的公私合作，促进信息收集、扩散和组织协调。在政府如何选择最优路径方面，经济学者各出奇招。林毅夫认为政府应该从甄别鼓励和限制的产业入手，选择产业的重要依据是资源要素禀赋。但斯蒂格利茨和罗德里克提出政府产业政策应当着重关注市场失灵领域，发挥政府纠正失灵和填补空白的作用。政府还需要积极构建约束和监督机制，防止政府干预损害市场机制的充分发挥。总之，优化产业政策实施，实现"市场强化型"或"市场增进型"产业政策的目标仍然在艰难的探索之中。

3.4　制度背景分析

3.4.1　中国家族企业的发展历程回顾

在我国，家族企业是一种古老的企业组织形式，其发展可以追溯至企业的诞生，至今已有上千年历史。至明清时期，我国家族企业已经初具规模。代表性的晋商、徽商的繁荣超过百年。之后，沿海地区商人远涉重洋、开拓了华人家族企业，在东南亚地区占据举足轻重的地位。新中国的家族企业来源民营企业（或称为私营企业），而绝大多数民营企业是实行家族式经营和管理（吕占峰，2009）。由于特殊的制度原因，新中国的家族企业一度停滞不前。1978 年开始的中国改革带动了我国家族企业的兴起与快速发展。改革初期，家族企业以个体为主，规模小。经营领域主要集中在商业、服务业和简单的工业、建筑业。进入 20 世纪 80 年代中后期，《宪法》修正案以及《城乡个体工商发展暂行条例》等系列法规的颁布出台，引发了了新一轮家族企业的发展高潮。特别是在东南沿海地区，家族企业规模和经营领域均得到了前所未有的发展。1992年邓小平同志的南方谈话和党的十四大又是我国家族企业发展重要里程碑，此后私营经济全面得到了社会各界的真正承认和重视，家族企业大规模进入工业领域，企业的管理体制也逐步走向正规化。进入 21 世纪，思想解放和国有企业的转制又给家族企业发展带来了更多的发展机会，目前家族企业已经成为推动我国经济发展的生力军。根据国家工商总局的统计调查，截至 2013 年 8 月底，私营企业总计 1179.62 万户，增长 1.48%，超过企业总数的 80%，家族企业总规模占全国企业规模近 40%。

伴随家族企业的规模壮大和我国证券市场日益成熟，家族上市公司开始崭露头角，并逐渐成为证券市场中一支不可忽视的力量。1992 年，"深华源"的上市揭开了家族企业上市序幕。1999 年，我国新《证券法》取消了自然人持股限制，为自然人直接控制上市公司创造了条件。但由于国家相关支持法规和政策尚未成型，以及"总量控制，限报家数"的额度管理，家族企业上市仍然受到种种限制。之后，伴随国有企业战略性改组和调整的逐步开展，以及国退民进政策的出台实施，民营企业开始采用股权收购方式进入股市融资，这使得家族上市公司数量日益增长。2004 年和 2009 年，中小板和创业板的推出为家族企业进入股市创造了新的机遇，家族上市公司也得到了迅速发展。截至 2012 年底，沪深两市共有家族公司 1217 家，其中，主板市场 411 家，中小板 535 家、创业板 271 家。从表 3.1 和图 3.1（根据 CSMAR 数据库整理），我们可以清晰地看到近年来家族上市公司发展轨迹以及蓬勃发展的势头。

表 3.1　　　　　　　**2003~2012 年中国国上市家族公司总体情况**

年份	2003	2004	2005	2006	2007	2008	2009	2010	2011	2012
家族公司数量	100	293	322	395	487	535	618	817	958	981
上市公司总数	887	1312	1293	1380	1506	1560	1598	1853	1984	1948
家族公司占比（%）	11.27	22.33	24.90	28.62	32.34	34.29	38.67	44.09	48.29	50.36

注：表中上市公司数量是去除了创业板公司，B 股公司，实际控制人不详公司样本后的结果；其中家族上市公司研究样本含义见文中定义。

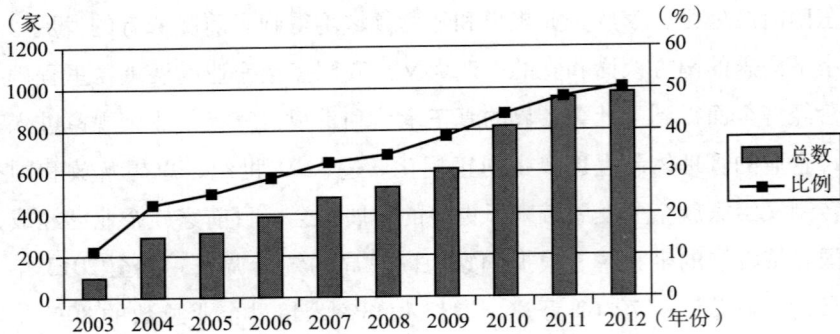

图 3.1　2003～2012 年家族上市公司变化

3.4.2　我国家族企业资本配置的现状及问题

（1）我国家族企业投资现状及问题表现

由于家族企业来自民营企业，构成民营企业的绝大部分，因此，民营企业投资轨迹即代表了家族企业的投资发展历程。自改革开放以来，民营企业投资规模日益增长。2012 年的前 10 个月，我国民营工业企业累计增速为 14.9%，远高于国有工业企业（6.4%）和全部工业企业（10.0%）。因此，我国家族企业资本投资对社会经济表现出强劲的拉动力。虽然家族企业投资规模日益扩展，投资水平逐渐提高，但仍然存在不少问题。突出表现在：

第一，投资结构不合理，投资方式亟待转型。我国家族企业虽然是国家经济发展的重要贡献者，但也是技术水平低，能源消耗高企业的聚集地。总体来看，我国家族企业集中于资源依赖型以及能源消耗型产业，大量分布在制造业（主要为劳动密集型的建筑业、电气机械和器材制造业等行业）、加工贸易业、零售商业、饮食业、服务业。

造成家族企业行业分布不合理的原因有多种。首先，以上行业在经济发展初期对企业规模、技术水平、劳动力素质要求较低，进入门槛低。这些对资金少，技术低的家族企业有着极大的吸引力。但是，近年来，特别是进入"十二五"时期之后，我国生产要素市场的成本不断攀升，原材料、劳动力、土地等生产要素成本逐年增加，低劳动力成本、低环境成本的情况已经发生了巨大转变。此时，家族企业发展需要尽快实现投资结构调整和产业转型升级。主要依靠科技进步力量，通过提高劳动者素质以及在企业管理中不断创新等方式减少能耗、降低成本。其次，地区经济发展不平衡，导致投资结构不合理。改革初期，我国实施了优先发展东部地区的战略，至今仍对家族企业投资结构产生重要影响。特殊的地理位置使得东部地区开展了大量贸易加工服务业务，也吸引了不少家族企业进入该行业。但是，由于加工贸易行业与国外市场联系紧密，容易受到国际市场需求波动的影响，企业风险较大。例如，当前世界经济整体下滑，造成加工贸易行业进出口动力匮乏，不少家族企业因而遭遇寒冬。由此，应适时引导贸易加工行业家族企业转型，降低中小家族企业经营风险。例如，可以从单一外销转向内外销并举，从贴牌加工转向创立品牌转型等，多种方式并举。最后，我国行业准入政策不具体，政策实施的配套机制不完善。自改革开放以来，在中央"大力发展非公有制经济"的政策导向下，政府相继出台多项发展民营经济的政策，力图拓宽民营经济投资领域，为提高家族企业竞争力带来政策保证。2005 年 2 月，国务院颁布《关于鼓励支持和引导个体私营等非公有制经济发展的若干意见》（简称"非公 36 条"），对放松民营企业市场准入标准进行了明确规定。2010 年 5 月，国务院发布《关于鼓励和引导民间投资健康发展的若干意见》（简称"新 36 条"）。文件中再次强调要拓展民营企业投资范围，提出"鼓励和引导民间资本进入法律法规未明确禁止准入的行业和领域"，"对各类投资主体同等对待，不得单对民间资本设置附加条件"等。但是，尽管家族企业名义上可以进入所有"法律法规未明确禁止准入的"基础设施、公用事业领域，实际上相关政策在具体实施时仍存在不少隐形限制规定。例如，对家族企业投资项目的审批许可目前仍然存在一定歧视。还有，不少垄断性行业进入门槛较高、短期实现盈利可能性较小，使家族企业即使能够进入这些行业，也会遭遇"玻璃门""弹簧门"。铁路行业就有典型实例。根据政策规定，我国铁路行业对所有资本开放。2004 年，政府曾明文规定鼓励非公资本进入铁路领域；2012 年，原铁道部又发布"铁道部关于鼓励和引导民间资本投资铁路的实施意见"。但以上政策出台并没有真正起到吸引非公有经济进入的效果。原因是铁路企业运营的主要过程均由铁道部门直接掌控，家族企业即使投资控股铁路企业，也并不能实际影响企业的经营和收益，最终不得不退出。2005 年，家族企业浙江光宇集团曾注资控股衢常铁路。次年，光宇集团的股权被稀释到 18.88%，2007 年，光宇集团被迫转让全部股权，彻底退出。

第二，投资规模难以扩展，投资不足现象普遍。

正如前文分析，我国民营（家族）企业总量已经超过千万，占企业总数的 80% 以上。尽管数量较多，但由于民营企业普遍规模不大（整个民营企业中约 80% 以上是中小企业），总体规模仅占全国企业的 40% 左右。另一方面，民营企业研发投资动力也不足，追求短期利益的现象仍然比较严重。根据统计数字，我国民营科技企业研发经费投资总体比例较低，研发资金在各个年份投入比例波动性也较大。1993 年民营企业研发支出占比一度高至 11.5%，但此后逐年下降，2000 年降低到 2.77%，2005 年研发支出回升到 3.63%，仍然低迷。造成民营企业资本性投资不足的原因是多方面的，既有投资者保护较弱、市场制度不够健全、融资歧视导致的融资约束等的外部因素，也有家族企业自身的原因。诸多外部因素中，让大量家族企业止步不前的主要问题是融资难。而民营经济的歧视长期不能缓解又是导致融资难的关键所在。例如，国家近年来不断加大了科技资金投入，但其中主要投放到大专院校和社会科研单位，少部分资金投入用于企业进行研发，也是主要流向了"国家队"，民营（家族）企业所占份额极少。在影响企业投资决策的内部因素中，家族涉入是基本影响因素。家族涉入企业经营后，企业内部治理附带着了浓厚的家族色彩。亲情纽带既是增强企业凝聚力的动力源头，也可能是导致企业裹足不前的障碍。就此，本书将在后续章节中详细探讨。

第三，投资的质量不高，投资过度问题比较严重。

一方面，家族企业受制于融资约束和家族关系影响，企业投资不足现象明显。另一方面，不少家族企业也存在过度投资问题。重复投资，盲目扩大规模，资源浪费现象严重。导致过度投资的原因，一方面是家族企业度过创业期后，盲目乐观追求短期内做大做强，以便于从银行和政府获取更多的融资机会；另一方面，地方政府为了创造政绩，运用手中控制的项目审批权等，迫使管辖地家族企业扩张投资规模，脱离市场需求进行盲目投资，最终带来企业投资效率低下，投资价值降低的后果。2004 年，曾经风光一时的江苏铁本钢铁有限公司受到国务院有关部门的严肃查处。铁本项目的出笼就像一个"吹泡泡"的过程。公司实际控制人戴国芳起初打算以自有资金2亿元，总投资10亿~20亿元，建设年产200万吨的钢铁生产项目。但在个人膨胀和地方政府支持下，投资金额超过100亿元，项目占地近6000亩，4000多农民被迫搬迁。过度投资的结果不仅使得大量农民流离失所，金融机构损失严重，戴国芳本人也锒铛入狱。

（2）我国家族企业融资现状及问题表现

家族企业融资行为是一个随着企业发展由内部融资到外部融资的不断更替的过程。在创业之初，企业规模小，主要依靠自有资本的积累，避免过度负债经营。随着企业规模扩张，当自有资金无法满足家族企业生产经营需要时，从外部筹资就成为家族企业的主要资金来源。新中国家族企业的成长在短短几十年内经历了由无到有、有小变大的过程，目前我国家族企业已经成长为一支国民经济不可或缺的力量，为社会经济发展做出了不小的贡献，但是总体上看，融资难仍然是困扰家族企业的首要问题。

造成融资难的原因首先是产权性质导致的信贷歧视。相对国有企业，民营企业较难从具有国有背景的商业银行筹资，或者承担相比更高的银行贷款成本，这种情况又被称为民营信贷歧视（Brandt and Li, 2003）。我国银行体系由中央银行、监管机构、自律组织、银行业金融机构组成。整个银行体系的构建具有浓厚的政府干预色彩。中央银行在国务院领导之下，银监会为国务院直属单位，中农工建四大商业银行均为国有性质。因此，银行与国有企业之间具有天然的亲密联系。而家族企业缺乏制度优势，缺少关系资源和网络，先天不足。另一方面，银行业主要使用的担保贷款方式，对贷款人现有的规模、盈利能力等方面要求严格，大多数中小家族企业很难达标；加之目前我国金融创新不足，金融工具种类不丰富。以上这些均不利于家族企业获取银行贷款资源。尽管民营（家族）企业从正式贷款渠道得到的支持比例很低，但是与此同时，民营（家族）企业却对经济发展做出了极大贡献。樊纲（2000）的研究发现，非国有经济贡献了74%的工业增加值和63%的GDP，但实际上获得的贷款占银行贷款总额不到20%。史晋川（2001）的考察也反映出，我国国有经济对社会增长的贡献率在40%左右，而贷款占贷款总量的80%，非国有经济的社会增长的贡献率在60%左右，其贷款却只有总量的不到20%。其次，家族企业的融资困境，还表现在证券市场的直接融资障碍较多。为了促使更多有条件的企业进入股市融资，我国相继出台了多项改革措施，例如，2001年股票上市发行从审批制转为核准制，2004年推出针对中小企业融资的"中小板市场"，2009年再次推出门槛更低的"创业板市场"。但总的来看，股票市场对企业规模和盈利能力等方面的严格要求，使很大比例的家族企业只能望洋兴叹。另一方面，我国债券市场整体发展水平较低，对发行企业债券的限制比较严格，家族企业通过债券市场筹资可能性较小。总之，我国证券市场融资目前并不能解决大量家族企业的融资问题。第三类家族企业融资的问题表现在其他融资渠道风险大、不顺畅。信贷和证券市场的融资障碍使不少家族企业，特别是中小家族企业选择通过民间借贷方式融资。民间借贷能够弥补正规金融机构的缺陷，缓解家族企业资金紧张问题，为家族企业发展起到了一定的促进作用。据报道，在浙江省，中小企业通过正规渠道的融资只能满足10%左右的融资需求，大多会通过民间借贷融资。但是，民间借贷在我国一直被视为"灰色地带"，目前尚没有专门针对民间借贷进行管理的国家法律、法规出台。政府金融监管部门对民间借贷领域的监管时松时紧，造成大量问题长期累积。一旦爆发，资金链断裂，给投资者和用资者带来巨大损失。因此，实现民间借贷规范化、阳光化、法制化，既能缓解广大家族企业（尤其是中小企业家族企业）融资难问题，也能够降低融资风险，保证家族企业的权益。此外，项目融资、租赁融资、信托融资、吸收风险投资等融资渠道、融资方式由于限制条件较多，目前尚未在民营企业中广泛实施应用。总之，民营企业的融资渠道亟待拓宽。

但是，不可忽视的是，随之家族企业的发展，近年来为数不少的大中型家族企业也开始进入证券市场上市发行股票融资。上市家族公司由于质量较优，发展前景看好，已经开始打破被动选择融资方式的局面，根据自身特质和融资偏好选择融资渠道和融资方式。

3.4.3 我国产业政策演进历程

我国的产业干预始于第一个"五年计划"。"五年计划"主要内容是规划全国重大建设项目、生产力分布和国民经济重要比例关系，确定国民经济发展远景目标及方向。"五年计划"对中国的经济与社会发展产生了深远影响。"五年计划"的重要作用之一是对各产业发展做出较为明确的指导方针。第一个"五年计划"主要沿袭了苏联的做法，运用计划方式着重发展重工业。之后至1978年，特殊的历史背景导致五年计划形同虚设。自20世纪70年代末开始，我国经济改革重点解决的问题是调整产业结构，发展轻工业和基础产业，这一思路清晰地从"八五计划"和"九五计划"反映出来，至此，我国产业政策的制定和实施也逐渐走上规模化、正规化。1989年我国制定了《国务院关于当前产业政策要点的决定》，这是我国第一个明确提出产业政策的文件。

历数国家已颁布的产业政策文件，主要涉及三个层次：第一，"五年计划"。"五年计划"是我国产业政策的根本和源头，也制定具体产业政策的基础。迄今为止，我国已经制定实施了十个"五年计划"和两个"五年规划"；第二，纲领性产业政策。包括每隔一定时期更新的《当前国家重点鼓励的产业、产品和技术目录》《当前优先发展的高技术产业化重点领域指南》《产业结构调整指导目录》。以及已经颁布实施的《90年代产业政策纲要》《中西部地区外商投资优势产业目录》《国家产业技术政策》《外商投资产业指导目录（2004年修订）》《促进产业结构调整的暂行规定》《十大重点产业调整与振兴规划》《关于加快推进产业结构调整、遏制高耗能行业再度盲目扩张的紧急通知》《关于抑制部分行业产能过剩和重复建设引导产业健康发展若干意见的通知》《国务院关于加快培育和发展战略性新兴产业的决定》等。这些政策文件代表了中国产业政策的基本思路、政策措施发展方向，反映出近年来我国强化产业政策运用的趋势与倾向。第三，具体行业的发展与限制政策。如《摩托车生产准入管理办法》《钢铁产业发展政策》《汽车产业发展政策》《水泥工业产业发展政策》与《船舶工业中长期发展规划》。以及水泥、电解铝、焦炭、电石、铁合金、煤炭、铜冶炼、钨锡锑等行业产业政策和电石、铁合金、焦化、电解金属锰、铜冶炼等行业的准入条件等。

总之，我国已经形成以五年计划为基础，分部门行业、联系经济发展热点制定实施的产业政策体系。我国产业政策已在国民经济中发挥了重要作用。本书研究主要根据"五年计划"的具体内容开展研究。

3.5 产业政策对家族企业代理冲突与资本配置效率关系影响的理论分析框架

3.5.1 家族企业的异质性

早期的研究多将家族企业视为同一的群体。一些学者从经典代理理论出发，认为拥有管理权且具有信息优势的家族代理人会牺牲委托人的利益来追逐自身私利（Shleifer and Vishny，1986）。另一些学者提出由于家族企业采用金字塔控股结构、双重股票制度等控制权放大机制，导致企业控制权和现金流权分离，为家族股东通过隧道行为掏空企业带来便利，最终降低企业价值，损害中小股东的利益（Morck et al.，2005）。因此，家族企业成为控股家族追求自身利益的工具，其行为具有严重的代理人行为导向（王明琳等，2013）。但另一方面，研究也发现，家族大股东集中持股能够更好地监督公司经理，有效减缓股东与经理之间的代理问题，家族控制有利于提高企业绩效（Anderson and Reeb，2003a；Villalonga and Amit，2006）。20世纪80年代发展而来的管家理论提出，除了财富之外，家族声誉乃至后代繁衍都与企业息息相关，因此，家族会自觉抑制那些短期、纯经济的偏好，追求包括家族声誉、社会地位在内的各种非经济利益（Gomez-Mejla et al.，2007；Miller et al.，2007）。此时的家族犹如一位企业好管家。为何家族企业的研究会产生大相径庭的结论？对此问题，学术界也逐步开展了深入研究。近年来越来越多的学者注意到家族企业其实并不是一个没有差异的整体，而异质性家族企业的同时并存，是相关研究得出不同结论的根本原因所在（Schulze et al.，2001，王明琳等，2010）。

家族涉入是家族企业最基本的特征，在家族涉入程度不同的情景下，一系列家族因素，包括家族共享知识、家族成员特质与关系、家族权利结构、家族代际数等各自以及相互作用共同对企业的行为和业绩产生影响，引导置身于其中的家族企业控制人选择代理人或者管家行为。因此，根据家族涉入程度划分家族企业类型，是进一步开展研究的基础和本书前提。根据家族涉入公司的程度，本书将家族上市公司分为高涉入家族公司与低涉入家族公司。本书界定的高涉入家族企业是指除了通过持股实现对公司高度控制之外，家族还通过实际控制人之外的其他家族成员参与公司经营管理活动，包括担任董事，监事和高级经理等方式，高度介入公司活动之中。高涉入家族企业中家族对公司拥有很强的控制权，家族自身的内部治理特征能够深刻影响家族经营和财务决策。例如，我国上市公司大杨创世（600233），实际控制人李桂莲担任公司董事长，其子石晓东担任副董事长兼总经理，儿媳胡冬梅任董事兼董事会秘书，其女石豆豆担任副总经理。此类企业本书界定为家族高涉入企业。低涉入家族公司是指公司实际控制人的其他家族成员不会在企业决策管理层（包括董事会、监事会和高级经理层）任职的家族公司以及家族控制水平较低。此时，自然控制人的其他家族成员没有深入涉及公司的经营及财务运作。在这类家族企业中，大股东主要通过持股方式控制企业，雇佣职业经理来进行企业的战略和日常发展。例如微软公司，如果根据持股比例标准，该企业应该属于最大个人股东比尔盖茨的家族企业，但是比尔盖茨家人实际并未参与企业的经营运作，在这类企业中，家族的涉入程度很低，几乎不会涉及家族内部的利他行为、代际传承等特殊问题。

如前所述，家族企业主要面临三重多层代理问题。由于家族企业的异质性，在家族高涉入企业和家族低涉入企业中，代理问题特征和严重程度表现出较大差异。以下对两类家族企业分别阐述其代理问题特征以及不同家族企业的代理问题特征如何深刻影响企业资本配置效率。

3.5.2 家族高涉入企业代理冲突与资本配置效率

家族高涉入公司情境下，家族多人介入企业经营管理活动并且拥有较高比例的控制权。首先，家族多人对企业经营管理活动的参与，使企业内部第一重委托代理关系受到家族利他主义的深刻影响。此时，家族业主（企业创始人或掌握家族企业核心控制权的人物）和家族经理人不只是追求个人效用最大化的"经济人"，他们还是彼此具有血缘（亲缘）关系甘愿为家族他人奉献的"社会人"和"自我实现人"。委托人（家族业主）和代理人（家族经理）之间的效用不同程度上取决于对方的效用，结果使双方行为偏离了传统代理理论所描述的状态。当家族业主和家族经理之间存在对称性利他时，利他主义能够促使企业产生自我实施的激励机制，激发和维持家族将企业看成全体家族财富的责任和义务感，增进双方效用并实现家族效用最大化。但是，如果家族业主和家族经理之间出现不对称性利他（如父母溺爱子女）或者家族业主自我控制意识过度强烈，那么利他主义将导致增加代理成本，降低企业的效率和家族效用。因此，家族内部利他主义是一把"双刃剑"。

已有研究表明，家族业主自控能力、企业发展阶段、不同文化背景等因素均会影响利他主义存在状态，最终决定家族利他主义产生正面或者负面效应。（苏启林，2007；何轩等，2008；陈建林，2012）。当家族企业上市融资之后，企业已经度过艰难的创业阶段，开始走向成熟，规模扩大，总体经营业绩较好。在此情况下，家族二代无须付出过多的精力，便可以获取丰厚收益；而家族业主在亲情纽带的作用下，仍会选择将企业资源不断转移支付给家族经理人。当家族创始人利他行为持续超过家族其他成员利他行为之后，家族内部不对称利他就会引发家族代理人的偷懒、搭便车、盲目投资等机会主义行为。此外，随着家族企业规模扩大，家族业主的"自我控制"意识会逐步增强，出于对家族利益的过度关注，可能做出损害企业价值的决策。例如，为了避免家族内部权力争斗创始人选择推迟退休，由此打击潜在继承人的积极性；或者家族业主不根据业绩评价家族经理，不解雇能力较差的家族经理，这不仅造成家族经理的机会主义行为，而且会加重其他职业经理的不公平感，进一步增加家族股东与职业经理之间的代理成本。总之，当家族企业规模扩大，走入上市融资阶段，吸纳较多的社会资源之后，家族利他主义会更多地显现出不利于企业发展的一面。

另一方面，家族企业的成功往往离不开一位极具个人威望的公司创始人。

创始人久经商场，积累了大量经营管理经验，具有高度人格魅力以及不可替代的特殊"关系"资源。在家族高涉入公司中，家族利益和企业利益联系得更加紧密，加之任职高管之间普遍存在着亲情纽带关系，这些均会得使创始人效应更加显著。因此，高涉入家族企业情境下，家族创始人担任 CEO 会产生显著的创始人效应，降低股东与经理之间的代理成本，提高公司运营效率（Anderson and Reeb，2003a）。相比较而言，创始人后代或其亲属（本书统称为二代）担任公司 CEO 时，由于缺乏创始人特有资源以及多年形成的动态权威，并且受到家族内部利他主义影响，偷懒、"搭便车"等谋取个人私利的机会主义行为概率增加，因此二代任职 CEO 反而会加剧企业第一重代理冲突，降低公司运营效率。

在第二重代理问题层面，家族高涉入情境下，由于家族利益和企业利益联系比较紧密，家族股东具有比较强烈的将企业作为家族长期财富的意愿。因此，家族大股东和外部中小股东之间的代理冲突程度相对较轻，家族大股东会较少运用金字塔控股下的超额控制权来掏空企业谋取私利。此时，金字塔控股模式更多的是发挥其在家族企业集团内部融通资金的效用。

总之，在家族高涉入公司中，企业主要面临第一重代理冲突。虽然创始人 CEO 能够减弱第一重代理冲突，但家族内部利他主义却显著增加了第一重代理冲突。企业代理冲突映射至企业资本配置行为，表现出企业最终资本配置效率的高与低。在诸多资本配置行为中，本书研究主要关注了家族企业长期资本投资效率、研发投资效率和负债融资效率问题。首先，家族高涉入企业中，由于利他主义增加了第一重代理冲突，那么随着利他主义程度加深，企业资本投资规模与企业实际投资机会发生偏离的可能性就会越高，资本投资效率下降；同时利他主义程度越大，家族企业投资风险规避心理越重，研发投资规模会进一步降低；并且伴随利他主义程度加深，家族高涉入企业第一重代理冲突增加，债权人对企业预期下降，又会进一步提高企业与债权人之间的第三重代理冲突，增加代理成本，导致负债融资效率降低。其次，创始人 CEO 和二代CEO 在影响企业代理冲突方面具有不同的效应，那么映射至企业长期资本投资、研发投资和负债融资行为，导致提高（或降低）公司资本配置效率。创始人 CEO 具备的动态权威和特殊资源，能够降低家族企业内部代理成本，最终提高资本投资效率；进一步提升债权人预期，促进负债融资提升企业价值功效的发挥，提高负债融资效率。但是由于研发投资的高风险性，创始人 CEO 也可能会采取守成战略，降低研发投资强度。二代 CEO 缺乏创业阶段的艰苦历练，也缺少创始人独具的人格魅力和掌控企业的能力，因而导致资本投资效率不高，研发投资强度也较低，负债融资的治理也效率不能很好地发挥。

3.5.3 家族低涉入企业代理冲突与资本配置效率

家族低涉入公司中，除了公司实际控制人之外，多数情况下，家族其他成员不参与企业的经营管理工作（包括担任董事、高级经理和监事），因而企业几乎不会涉及由家族内部利他主义引起的搭便车、家族权利跨代交接等特殊问题（王明琳等，2010）。由于自然人大股东集中持股，能够较好地实现对公司经理的监督和激励。因此，家族低涉入公司中第一重代理问题引发的矛盾冲突程度较低。但另一方面，由于大股东家族低度介入公司，家族与企业之间的联系不够紧密，会使大股东将企业本身视为家族长期财富的可能性减弱。因此，企业投资缺乏长期视野。而大股东加强公司控制权来攫取私利，损害中小股东利益的可能性增加。此时，家族低涉入企业更多地受到家族大股东与中小股东之间代理冲突的影响。家族低涉入企业中，当家族大股东控制权超过现金流权时，会采用多种方式（如进行非效率性投资、减少研发支出等）来取得控制权收益补偿。此时，大股东构建金字塔控股结构很可能就成为其谋取私利，转移公司财富的工具，那么，随着家族股东超额控制权的增加，家族低涉入企业的第二重代理冲突会更加显著。同时，控制权与现金流权的分离，也为家族股东侵占外部债权人利益带来便利。家族企业普遍采用了金字塔控股结构，复杂的金字塔控制链下，控制权与现金流权高度分离，使得外部债权人很难看清家族企业资金来源及使用的真实状况，因而难以对借款企业真正起到监督作用，导致债务资金提升企业价值的治理效率下降。那么随着家族股东超额控制权的增加负债融资效率会进一步降低。

综上可以看出，家族低涉入公司主要面临第二重代理问题，而家族超额控制（本书主要使用控制权与现金流权分离程度衡量）是影响第二重代理问题的主要因素。同时伴随家族超额控制的增加，家族股东与中小股东之间的第二重代理冲突加剧，大股东出于攫取私利目的，会采取过度投资或者投资不足，并减少研发支出，使企业投资规模偏离最优投资机会，降低了投资效率。同时，家族股东利用金字塔控股结构蒙蔽债权人，获得贷款资金为己牟利的可能性也会加强，负债资金提升企业价值的效应难于发挥，那么负债融资效率因而下降。

3.5.4 产业政策、异质家族企业代理冲突与资本配置效率

由前文分析，家族高涉入公司主要面临第一重代理冲突，即家族大股东与企业经理之间的代理冲突。家族低涉入公司主要面临第二重代理冲突，即家族大股东与外部中小股东之间的代理冲突。那么，总体上看，哪一类家族企业的代理问题比较严重？我们认为，应该结合我国特定的制度背景和家族企业发展的特殊历史阶段进行比较分析。首先，由于历史原因，新中国家族企业发展历史较短，从 20 世纪 70~80 年代经济体制改革至今也只有 30 年左右时间，大量家族企业尚处于新生阶段。加上当前我国私有产权保护制度不完善，造成拥有企业控制权的家族危机感较重，内部治理结构与现代公司治理结构的差距较大。部分家族企业选择家族高度涉入企业，以应对突发性危机，维护家族的利益不被外来者侵占。这使家族企业治理结构存在"先天不足"。其次，在企业初创阶段，家族利他主义和创始人效应能够增加高涉入家族企业的凝聚力，促进企业发展。但是伴随企业规模扩张，进入上市融资阶段之后，企业规模扩张，股东分散化，以及职业经理的引入，均会减弱家族创始人效应，而家族内部利他主义引发的家族亲情寻租（何轩、朱沆，2008）和偷懒、懈怠等搭便车问题却越发显著。鉴于本书主要研究处于上市阶段的家族企业，因此，家族利他主义更多地表现出负面效应。最后，当前我国不少家族企业大量处于代际交接的关键时期，这正是家族矛盾集中凸显，企业地震频发的特殊阶段。面对企业外部的产权保护制度的不完善，企业内部合理家族治理模式尚未形成，一旦发生家族内讧，就会严重波及家族企业的正常生产经营。以上情况对家族高涉入企业的影响最为深刻。因此，可以预期的是高涉入家族企业将会面临比较

严重的第一重代理冲突。

另一方面，家族低涉入公司主要面临着家族大股东与外部中小股东之间的代理冲突。在我国证券市场发展的初期，存在比较严重的自然人通过上市融资，恶意套取资金，损害中小股东利益的行为，相关事件频频被媒体曝光。但是，随着资本市场监管制度的加强，公司信息透明度得到提高，违规行为补偿力度和违规受到惩罚的可能性提高，这些均对家族大股东侵占中小股东的行为起到了不小的震慑作用。加之，随着市场化的深入，私人财富的增加，较多的家族开始选择持股方式来增值家族财富，上市公司的经营情况和市场价值与家族公司的联系比较紧密，以上这些均降低了家族实施隧道掏空企业的可能性，使得低涉入家族企业代理冲突相对有所缓解。

因此总体上看，家族高涉入公司的代理问题较家族低涉入公司更加严重。那么映射到企业资本配置行为和效率时，具体表现为家族高涉入公司家族投资效率较低，研发投资价值创造与负债融资提升企业价值的功效越低。

产业政策是一国中央或地方政府制定的，主动干预产业经济活动的各种政策的集合（周淑莲等，2007）。它是一种弹性很大的政府干预方式。产业政策的鼓励能够为鼓励行业企业带来更多的股权和负债资金，放松鼓励行业企业融资约束（陈东华，2010）。但是对代理冲突不同的两类家族企业，产业政策带来资金最终产生的功效存在差异。对代理冲突较大的高涉入家族企业，产业政策资金越有可能被攫取私利的家族控制人（家族代理人或是家族大股东）所利用，最终降低资本配置效率；而对代理冲突程度相对较轻的低涉入家族企业，产业政策带来资金能够放松企业融资约束，提高资本配置效率。

4

产业政策、代理冲突与家族
企业资本投资效率

4.1　引　　言

从世界范围来看，家族企业发展得到广泛关注。越来越多的研究认为家族企业存在巨大的生命力。目前，不仅大多数发展中国家，家族企业在社会经济中占据了重要地位，在一些发达国家和地区，家族企业也占不小的比例，例如在美国，家族公司就占据 500 强公司的三分之一，公众公司的一半以上（Anderson and Reeb，2003）。中国的家族企业发展历程并不长久，但是其发展势头以及社会贡献力却不容小觑，因此家族企业的研究日益成为当前学术界的热点。

国内外学者研究表明，家族通过持股、控制、管理等途径涉入企业生产经营之后，会使企业行为和经济后果与其他公司表现出显著差异。相对股权分散或由其他大股东控制（机构、国家等）的公司，家族企业这种组织形式是提高抑或降低经营和投资效率，最终如何影响企业的业绩和价值，一直是学界争论的焦点问题。一类观点认为，家族大股东利用控制权谋取私利，是其他股东和债权人的"坏代理人"。德姆塞茨（Demsetz，2001）指出，家族控制人偏好选择消费，使得公司资源不能用于正常的项目投资。我国学者苏启林等（2003）研究发现家族股东控制权与现金流权分离对家族类上市公司价值具有负面影响。冯旭南等（2011）认为，家族终极所有权与公司价值之间是倒 U 形关系，当家族终极所有权较大时，主要发挥"筑壕效应"而不是"激励效应"。此外，家族企业通常任用家族成员担任高管，限制了高质量、有能力的外部劳动力资源进入企业，也会造成企业效率较低，价值下降（Baldridge and Schulz，1999；Chen et al.，2012）。但是，另一类观点认为，家族股东长期持股，家族经理工作不计回报，更加忠实勤奋，犹如一位企业"好管家"。德姆塞茨和莱恩（Demsetz and Lehn，1985）指出，所有权和控制权的集中使家族大股东的利益能更多地与公司保持一致，因而能对经理实施更好地监督。家族拥有的特有资源（家族凝聚力、社会关系、公司创始人的人格魅力等），也能够发挥提高公司业绩的作用。我国学者刘学方等（2006）研究表明家族组织的承诺、诚信正直等因子与家族企业绩效具有显著的正相关关系。田银华等（2011）研究指出上市家族企业的高管控制力、总经理特质与经营绩效之间存在正相关关系。总之，迄今为止关于家族企业经营业绩以及价值的研究尚未达成统一结论。

以往研究分歧启示我们，很有必要对家族企业的扮演角色问题展开进一步深入研究。而从家族参与企业活动的具体路径入手，是拓展研究视野，从更深层次上找出问题答案的切实之路。企业资本投资决策是影响企业生存发展的关键因素，决定了企业筹资、利润分配等其他财务环节的效率和企业整体运行的结果。因此，本书拟基于企业资本投资效率这一研究视角，从分析家族涉入（主要通过持股、控制、管理涉入）影响公司投资效率的内在机理入手，深入细致地研究家族企业代理问题，继而探究不同的代理问题下，家族企业投资效率的表征。由表及里，由内到外，力图找出影响家族企业资本投资效率的关键因素影响，最终准确回答家族企业到底是扮演"好管家"还是"坏代理人"这一问题。

另一方面，随着研究的深入和细化，学者提出除了公司内部治理特征会对公司的行为和经济后果产生深刻影响，公司外部制度环境，包括法律、文化和国家宏观经济政策等也会带来巨大影响。目前，国内外学者已经开始关注法律、政策、文化、制度等因素对家族公司的经营效率和业绩的影响。拉·波尔塔、洛佩斯－德－西拉内斯、施莱弗和维什尼（La Porta, Lopez-de－Silanes, Shleifer and Vishny, 1999）研究发现在投资者保护不同的国家，家族公司发展程度也具有较大差异。康纳和帕利普（Khanna and Palepu's, 2000）研究认为，在市场制度不完善的国家，家族企业成为资本市场和劳动力市场的替代者，能够减轻由于代理问题和信息不对称造成的市场失效问题。因此在不完善的市场环境下，相比非家族企业，家族企业具有较高的公司价值。贝特朗和斯考亚尔（Bertrand and Schoar, 2006）研究表明，文化背景也是影响家族企业效率的重要因素。在家族观念比较盛行的地区，家族对公司的控制会造成效率下降，公司价值也相对较低。阿米特和丁（Amit and Ding, 2010）以中国不同地区上市家族公司为研究对象，研究了家族企业的发展和公司业绩，研究结果说明市场化程度的差异是影响我国家族企业发展和家族公司业绩的重要因素。

由上可以看出，联系家族企业外部制度背景综合考察企业投资效率问题是进一步拓展研究的必要。在我国，政府干预是不可忽视制度特征，甚至是影响企业财务行为的关键性因素。政府对经济的干预通过多项渠道方式进行，产业政策是一种弹性很大的政府干预方式。已有研究认为，受国家宏观产业政策鼓励行业的公司拥有更多的外部融资机会（陈东华等，2010）。那么产业政策的鼓励能否改变了家族企业融资环境，进而对投资效率产生影响？对不同类型的家族企业的影响有何差异？回答以上问题既需要进行深入细致的理论研究，又需要实施广泛的大样本实证研究。

本章以我国 2004 ~ 2012 年家族上市公司为研究样本，首先根据家族涉入公司程度将家族上市公司细分为家族高涉入和家族低涉入两类公司，接着分析了两类家族企业代理问题及其投资效率。进一步，结合外部宏观产业政策，深入研究产业政策鼓励放松了融资约束后，两类家族企业投资效率将会受到怎样的影响。

本章可能的贡献有：第一，从家族企业最基本的家族涉入（主要是家族所有、家族控制和家族管理）特征出发，根据家族涉入上市公司的程度，将家族上市公司分为家族高涉入与家族低涉入两类，分别细致研究两类家族公司的代理特征。第二，深入研究了利他主义、创始人效应对高涉入家族企业第一重代理问题及投资效率影响，同时研究了控制权与现金流权分离对低涉入家族企业第二重代理关系及投资效率影响，并且从整体上比较了不同涉入程度的两类家族企业代理冲突的差异和投资效率的不同。第三，从家族企业视角出发，研究宏观产业政策的微观效应，为改善宏观政策的制定实施，发展家族企业创造更好的外部治理环境，在理论上进行深入探究和提出相关政策建议。

4.2 理论分析与研究假设

4.2.1 家族企业的异质性与代理问题特征

本书第 3 章研究提出，家族企业具有异质性，不能简单地将家族企业视为毫无差别的同一体。本书从家族对企业涉入程度出发，认为当家族对企业的涉入程度不同时，家族理念、家族创始人、家族成员之间的关系、家族权利配置、家族代际传承等系列家族因素，对企业的行为和业绩发挥作用的作用会产生差异，最终引导置身于其中的企业选择成为"差代理人"或"好管家"。因此，需要明确界定家族涉入内涵，分家族类型企业进行细致研究。

按照家族涉入公司的程度，本书将家族上市公司分为高涉入家族公司与低涉入家族公司。所谓高涉入家族公司主要是指家族通过多位家族成员介入公司经营管理活动，包括担任董事，监事和高级经理以及掌握集中控制权等方式，高度介入公司治理活动之中；所谓低涉入家族公司是指公司控制人的其他家族成员不会在企业决策管理层（包括董事会，监事会和高级经理层）任职的家族公司以及家族控制水平较低的家族公司。

通过第 3 章的分析可以看出，家族高涉入公司中，企业主要面临第一重代理冲突。虽然创始人 CEO 能够减弱第一重代理冲突，但家族内部利他主义却显著增加了第一重代理冲突。家族低涉入公司主要面临第二重代理问题，控制权与现金流权分离是影响第二重代理问题的主要因素。下面本章以家族企业代理关系为基础，从企业长期资本投资视角，深入开展家族企业资本配置问题研究。

4.2.2   利他主义、创始人效应与家族高涉入企业投资效率

如前文分析，家族高涉入企业主要面临第一重代理冲突，家族内部利他主义与创始人效应深刻影响着第一重代理问题。首先，伴随家族企业的成熟壮大，尤其进入上市发行股票阶段之后，家族内部利他主义的负面效应凸显。在面临企业与家族利益的两难选择时，家族内部利他主义使得业主更加倾向家族利益。同时，家族利他主义导致业主"自我控制"意识强烈，将企业利益转移给并不称职的家族经理，导致经理人机会主义行为增加。因此，家族内部利他主义加剧了高涉入家族企业的第一重代理冲突，造成公司决策非理性。具体映射到企业投资决策上，表现为既可能投资过度又可能投资不足，企业投资效率下降。例如家族企业经理既可能为了自身利益进行盲目投资，造成投资过度，也可能为了规避家族风险而投资不足。总之，家族利他主义在上市家族公司中造成了企业投资规模与投资机会的偏离，敏感性进一步下降。投资效率降低。贺小刚等人（2007）研究表明，在高管中安排更多家族成员并不能显著改进家族企业的绩效。陈（Chen，2012）运用我国台湾数据分析研究发现，控股大股东家族成员涉入公司管理层越积极，公司价值越低。这从一个角度说明了家族利他越严重，公司运行效率就越低。另一方面，如上文分析，高涉入家族公司下，创始人 CEO 和二代 CEO 起到不同作用。创始人 CEO 具有较多的经营经验，更加珍惜创业成果，投资决策更加理性，因而能够显著提高公司投资效率。但是二代 CEO 投资冲动性强，决策失误的可能性大，对公司投资效率很可能产生负面影响。由上分析，本书提出假设 1：家族高涉入企业中，利他主义程度越高，公司投资效率越低；创始人 CEO 能够提高投资效率，而二代 CEO 降低了投资效率。

4.2.3 家族超额控制与家族低涉入公司投资效率

上文研究指出，家族低涉入公司中，伴随控制权与现金流权分离，家族超额控制的加强，企业第二重代理问题凸显。为了谋取更多的控制权私利，通过构建复杂的金字塔控股结构获得超额控制权家族大股东，很可能过度消费企业内部自由现金流量，对次优项目进行投资。一方面，家族大股东忽视资本市场股票价格所反映出来的投资机会信号，使投资决策偏离市场股票价格引导的最优投资决策水平，企业投资规模与投资机会的敏感度下降，投资效率下降。另一方面，为了隐藏过度投资的自利行为，家族大股东也会减少股票价格中的公司专有信息，降低公司财务信息的透明度，公司股票价格的透明程度也进而下降（Jin and Mayer，2006）。此外，掌握超额控制权的家族大股东也会阻止关联交易者从事风险套利行为，导致股价的信息含量进一步降低。最终结果是投资和投资机会（如股票价格）之间的敏感程度也进一步下降，投资效率进一步降低。总之，本书预期随着家族大股东超额控制权（主要体现为控制权与现金流权的分离程度）提高，公司投资决策将会偏离投资机会信号，效率降低。由上可以看出，本书提出假设2：家族低涉入公司中，家族控制权与现金流权分离度越大，投资效率越低。

4.2.4 家族涉入程度、代理冲突与公司投资效率

由前文分析，家族高涉入公司主要面临第一重代理冲突，即家族大股东与企业经理之间的代理冲突。家族低涉入公司主要面临第二重代理冲突，即家族大股东与外部中小股东之间的代理冲突。那么，总体上看，哪一类家族企业的代理问题比较严重？应该结合我国特定的制度背景和家族企业发展的历史阶段从总体上进行比较分析。首先，由于历史原因，新中国家族企业发展历史较短，从20世纪70～80年代经济体制改革至今也只有30多年时间，大量家族企业尚处于新生阶段。加上当前我国私有产权保护制度不完善，造成拥有企业控制权的家族危机感较重，内部治理结构与现代公司治理结构的差距较

大。部分家族企业选择家族高度涉入企业，以应对突发性危机，维护家族的利益不被外来者侵占。其次，在企业初创阶段，家族利他主义和创始人效应能够增加高涉入家族企业的凝聚力，促进企业发展。但是伴随企业规模扩张，进入上市融资阶段之后，企业规模扩张，股东分散化，以及职业经理的引入，均会减弱家族创始人效应，而家族内部利他主义引发的家族亲情寻租（何轩、朱伉，2008）和偷懒、懈怠等搭便车问题却越发显著。此外，我国特殊历史原因造成的不少家族企业处于代际交接的关键时期，正是家族矛盾集中凸显，企业地震频发的特殊阶段。由于合理的家族治理模式尚未形成，家族内讧严重波及了高涉入家族企业的正常经营。本书主要以上市家族公司为研究对象。因此，可以预期的是高涉入家族企业将会面临比较严重的第一重代理冲突。

另一方面，家族低涉入公司主要面临着家族大股东与外部中小股东之间的代理冲突。在我国证券市场发展的初期，存在比较严重的自然人通过上市融资，恶意套取资金，损害中小股东利益的行为，相关事件频频被媒体曝光。但是，随着资本市场监管制度的加强，公司信息透明度得到提高，违规行为补偿力度和可能性提高，这些均对家族大股东侵占中小股东的行为起到了不小的震慑作用。加之，随着市场化的深入，私人财富的增加，较多的家族开始选择持股方式来增值家族财富，上市公司的经营和市场价值和家族公司的联系比较紧密，以上这些均家族降低了实施隧道掏空企业的可能性，使得低涉入家族企业代理冲突有所缓解。

因此，总体上来看家族高涉入公司的代理问题要较低涉入公司更加严重。映射到企业投资行为显现出家族高涉入公司家族大股东为了谋取控制权私利过度投资或者为了规避风险投资不足的可能性更大，投资决策偏离最优投资机会的程度也越高，投资效率越低。由上本书提出假设3：相比家族低涉入公司，家族高涉入公司代理问题更为严重，整体投资效率较低。

4.2.5 产业政策、家族涉入程度与家族企业资本投资效率

在我国特殊的转型经济背景下，影响上市公司投资行为和效率的因素不仅

局限于企业内部治理结构，而且取决于外部制度因素。其中政府干预是不可忽视，甚至是关键性的影响因素（辛清泉等，2007；程仲鸣等，2008）。政府对经济干预可以通过多项方式进行，产业政策便是一种弹性很大的政府干预方式。产业政策是一国中央或地方政府制定的，主动干预产业经济活动的各种政策的集合（周淑莲等，2007）。从20世纪50年代开始，中国首先开始通过制定5年计划推行国家产业政策。目前，已经形成了比较完整的产业政策体系。

已有研究认为，受国家宏观产业政策鼓励行业的公司拥有更多的外部融资机会（包括银行贷款和发行股票筹资），其融资约束程度显著低于其他行业公司（陈东华等，2010，Chen et al.，2013）。但是，长期以来，受制于企业特殊产权性质，家族企业（民营企业的组成部分）遭受融资歧视已是不争的事实。那么，鼓励行业的家族公司是否也能获得产业政策支持所赋予的融资优势？融资环境的改善以及产业政策投资导向作用能否进而影响家族上市公司投资效率？对不同类型家族企业的影响是否存在差异？

产业政策实施可以通过金融、财政、税收等多种途径进行。其中重要的渠道是向支持产业公司提供更多的融资机会，以吸引企业进入产业政策鼓励行业。产业政策对企业融资环境的影响主要通过两种渠道：一是通过直接监管证券发行和金融机构贷款影响企业的股票融资以及借款融资；二是引导资金自发流向受鼓励行业企业。在第一种渠道中，虽然受制于产权性质的特殊性，相对国有企业，家族企业获益较少，但随着市场化程度的提高，具有产权明晰、预算硬约束特征的家族企业也能逐渐得到金融机构的支持，特别是效益好规模大的上市家族，其融资约束更加不明显。在第二种渠道中，主要由市场机制发挥资金导向作用。此时机制灵活、转向迅速的家族企业可能会是更大的政策受益者，能够吸引较多的社会资金投入。因此，总体上来看，产业政策鼓励能够改善家族企业的外部融资环境，放松家族企业的融资约束。由上本书提出假设4：产业政策鼓励放松了家族公司的融资约束。

但是，在不同的家族公司治理结构和代理冲突下，国家政策扶持带来的资金，既会成为家族上市公司发展的动力，解决融资约束、减少投资不足，提高投资效率；也可能成为冗余资金，加深过度投资程度，降低投资效率。如上文分析，特殊的历史背景下，我国家族高涉入上市公司的第一重代理问题更加严重。因此，在产业政策鼓励缓解融资约束的前提下，会形成冗余资金，带来资金滥用。并且产业政策资金具有较强的政府干预色彩，资金投放很有可能违背市场逐利规律。在以上因素的影响下，产业政策资金反而会使高涉入家族企业投资效率降低。家族低涉入公司的第二重代理问题程度相对较轻，在产业政策鼓励缓解融资约束的前提下，会降低企业投资不足，提高投资效率。由上可以看出，本书提出假设 5：产业政策鼓励降低了家族高涉入公司投资效率，但提高了低涉入公司投资效率。

4.3 研 究 设 计

4.3.1 数 据 来 源 与 样 本 筛 选

根据前文对家族企业定义，本书选取了 2004 ~ 2012 年在上海证券交易所和深圳证券交易所上市的所有非金融行业家族上市公司作为初始样本，由于研究使用了滞后一期样本，因此本书的实际研究期间涉及 2003 ~ 2012 年。样本期间之所以从 2003 年开始，是基于以下考虑：证监会 2004 年起开始强制要求上市公司披露上一年度最终控制人信息，因而可根据公开信息比较准确地确认公司的最终控制人性质，界定家族上市公司。根据 CSMAR 数据库数据，在剔除创业板样本、B 股样本、境外法人与自然人持股样本、最终控制人持股和研究变量数据缺失样本后，本书获取家族上市公司样本总数为 4208 家。我国创业板市场于 2009 年 10 月 23 日正式开幕。由于财务门槛低，对发行规模的要求小，吸引了不少家族企业进入。但是，鉴于创业板市场在上市条件、上市审批、信息披露和退市制度等方面与主板市场存在较大差异，同时创业板企业普遍上市年龄较短。为了增加研究样本之间的可比性和研究结论的稳定性，本书未将创业板上市公司纳入研究对象。其次，本书根据上市公司年报、招股说明书、上市公告书以及百度、谷歌等各大搜索网站信息，手工查找了家族上市公司最终控制人及其亲属（包括血亲、姻亲）在上市公司担任董事、高级经理和监事情况的数据。在收集数据时笔者注意到，不少上市公司实际控制人在研究期间发生了变动。另一些上市公司尽管实际控制人未发生变化，但自己和亲属在公司的任职情况发生了改变，这意味着家族对公司的涉入程度发生改变。因此，本书对 2003～2012 年每一家/年家族上市公司实际控制人及其亲属在公司中的任职情况进行逐一查找，最终得到家族高涉入样本 1336 家，家族低涉入公司样本 2872 家。家族公司实际控制人及其亲属公司任职情况的部分数据见附录。

表 4.1 - A、表 4.1 - B 提供了样本分布情况。Panel A 是样本的年度分布，从中看出，我国家族上市公司数量逐年上升。Panel B 是样本的行业分布。鉴于本书研究需要，制造业行业细分至两位代码。在剔除了金融行业，以及合并日用电子器具制造业和其他电子设备制造业，煤气生产和供应业、自来水生产和供应业之后，本书研究家族的上市公司涉及农业、采掘业等 42 个行业。本书采用了普通最小二乘法运用混合面板数据进行回归。所有连续变量在 1% 和 99% 分位数处均进行了 Winsorized 处理。

表 4.1 - A　　　　Panel A 各类家族上市公司样本数量的年度分布　　　　单位：家

	2004 年	2005 年	2006 年	2007 年	2008 年	2009 年	2010 年	2011 年	2012 年	合计
高涉入样本	17	49	59	74	110	143	186	314	384	1336
低涉入样本	79	227	228	280	317	332	391	487	533	2872
总样本	96	276	287	354	425	475	577	801	917	4208

4.3.2　研究模型与变量描述

（1）检验假设 1 至假设 3 的模型

借鉴陈、孙、唐和吴（Chen，Sun，Tang and Wu，2011）以及靳庆鲁（2012）等的研究，本书运用投资支出与投资机会的敏感性来衡量投资效率。在此基础上本书构建以下模型：

Panel B 家族上市公司样本的行业分布

表 4.1－B

单位：家

行业代码	行业名称	全样本	高涉入	低涉入	行业代码	行业名称	全样本	高涉入	低涉入
A	农业	99	41	47	C67	有色金属冶炼及压延加工业	79	22	57
B	采掘业	42	15	27	C69	金属制品业	95	45	50
C01	食品加工业	99	20	79	C71	普通机械制造业	121	40	81
C03	食品制造业	31	13	18	C73	专用设备制造业	180	72	108
C05	饮料制造业	45	9	36	C75	交通运输设备制造业	161	54	107
C11	纺织业	132	51	81	C76	电器机械及器材制造业	248	80	168
C13	服装及其他纤维制品制造业	82	40	42	C78	仪器仪表及文化、办公用机械制造业	45	10	35
C14	皮革、毛皮、羽绒及制品制造业	9	9	0	C81	医药制造业	283	82	201
C21	木材加工及竹、藤、棕、草制品业	24	18	6	C85	生物制品业	42	11	31
C25	家具制造业	20	4	16	C99	其他制造	70	34	36
C31	造纸及纸制品业	58	23	35	D01	电力、蒸汽、热水的生产和供应	35	15	20
C35	印刷业	30	13	17	D0305	煤气生产和供应业自来水的生产和供应	7	1	6
C37	文教体育用品制造业	24	20	4	E	建筑业	84	30	54

续表

行业代码	行业名称	全样本	高涉人	低涉人
C41	石油加工及炼焦业	43	17	26
C43	化学原料及化学制品制造业	265	104	161
C47	化学纤维制造业	61	16	45
C48	橡胶制造业	22	13	9
C49	塑料制造业	88	21	67
C51	电子元器件制造业	155	54	101
C55	日用电子器具	77	29	48
C57	制造业			
C61	非金属矿物制品业	124	35	89
C65	黑色金属冶炼及压延加工工业	28	9	19
F	交通运输、仓储业	49	19	30
G	信息技术业	331	62	269
H	批发和零售贸易	212	36	176
J	房地产业	301	87	214
K	社会服务业	86	23	63
L	传播与文化产业	20	2	18
	综合类	208	34	174
	合计	4208	1336	2872

注：行业标准依据证监会 2001 年度颁布的《上市公司行业分类指引》。

$$Inv_{i,t} = \lambda_0 + \lambda_1 IO_{i,t-1} + \lambda_2 Agency_{i,t-1} + \lambda_3 Agency_{i,t-1} \times IO_{i,t-1} + \lambda_4 CF_{i,t-1}$$

$$+ \lambda_5 Own_{i,t-1} + \lambda_6 Size_{i,t-1} + \lambda_7 Age_{i,t-1} + \lambda_8 Lev_{i,t-1} + \xi'Year + \omega'IND + \varepsilon_{i,t}$$

$$(4.1)$$

模型中的 λ_1 是投资支出与投资机会敏感系数,衡量投资效率高低。根据资本逐利规律,公司未来的投资活动取决于其当前的投资机会(使用盈利能力衡量)。当企业面临好的投资机会时,公司应扩大资本投资规模;当面临差的投资机会时,应缩减资本投资支出规模。资本投资规模与投资机会之间的敏感程度越高,说明企业投资效率越高。反之,投资效率越低。IO 是表示公司投资机会的变量,$Agency$ 是代表影响代理冲突的因素的变量。系数 λ_3 用以测试本书研究的影响代理冲突的因素,包括利他主义、创始人效应(OCEO/DCEO)、家族超额控制(Div)、家族涉入程度(IP)对投资效率(投资支出与投资机会敏感性)的影响。Inv 表示公司投资支出,即资本投资规模水平。CF 是表示公司现金流量的变量。此外,本书选择了家族大股东持有公司现金流权(Own)、资产负债率(Lev)、公司规模(Size)、上市年龄(Age),以及年度(Year)和行业(IND)作为控制变量。为了控制内生性问题,以上解释变量和控制变量均选取滞后一期数据。

(2)检验假设4至假设5的模型

为了检验宏观产业政策对两类家族企业代理冲突和投资效率关系的影响,本书在模型4.1的基础上,加入产业政策变量 H,分两类家族企业比较研究产业政策的影响。模型如下:

$$Inv_{i,t} = \theta_0 + \theta_1 H_{i,t} + \theta_2 CF_{i,t-1} + \theta_3 IO_{i,t-1} + \theta_4 H_{i,t} \times CF_{i,t-1} + \theta_5 H_{i,t} \times IO_{i,t-1}$$

$$+ \theta_6 Altruism_{i,t-1} + \theta_7 OCEO_{i,t-1} + \theta_8 DCEO_{i,t-1} + \theta_9 Div_{i,t-1} + \theta_{10} Own_{i,t-1}$$

$$+ \theta_{11} Size_{i,t-1} + \theta_{12} Age_{i,t-1} + \theta_{13} Lev_{i,t-1} + \rho'Year + \pi'IND + \tau_{i,t} \qquad (4.2)$$

H 取值为1时表示公司所处行业受到产业政策鼓励支持,否则为0。其他变量含义同上。为了控制内生性问题,以模型中解释变量和控制变量均选取滞后一期数据。

（3）主要变量描述

①投资支出与投资机会变量。

依据前文界定，企业投资效率为投资支出与投资机会的敏感性。投资支出的界定，本书借鉴了辛清泉等（2007）的研究，用固定资产、长期资产和无形资产的净值改变量来表示。投资机会反映的是指企业当前的获利能力。借鉴靳庆鲁等（2012）的研究，本书采用了 Tobin's Q（TQ）和净资产收益率（ROE）分别来表示。Tobin's Q（TQ）是市场—账面价值的比率，通过市场价值因素来反映公司潜在获利能力。净资产收益率（ROE）是公司净利润与净资产的比率，该指标能够直接反映公司当前的获利能力。

②家族企业代理冲突变量。

本书选择的反映家族企业代理冲突变量（Agency）有：

第一，利他主义。利他主义本意是对他人福利的献身精神，是一种行为的准则。对该指标直接测量难度较大。借鉴王明琳（2006）的研究，本书使用家族成员任高管人数占企业高管（包括董事、高级经理、监事）的比重来间接衡量利他主义程度。在家族企业中，亲缘关系是利他主义发生的基础，如果业主（本书是企业实际控制人）对其他家族成员的亲缘利他主义程度较高，就会表现出对家族成员更加信任，愿意给其他家族成员提供高层职位和丰厚的薪酬。而如果其他家族成员的利他主义程度较高时，也很可能更愿意为家族的利益而留在企业任职。由此家族成员任职企业高管的比例能够间接地反映出利他主义的高低。

第二，创始人效应（OCEO/DCEO）。家族创始人是创立家族企业的家族核心人物，能够给企业带来独一无二的价值增加效应。已有研究表明当创始人在企业任职，特别是担任企业 CEO 时，这种价值增加效应更加明显。本书借鉴安德森和里布（Anderson and Reeb，2003a）和比利亚隆加和亚米特（Villalonga and Amit，2006）以及王明琳（2010）的研究，采用了两种标准来确定家族企业创始人：先将上市公司的实际控制人初步界定为公司创始人，再通过报刊网络媒体查找家族创始人信息，如果两者不一致，根据媒体报告信息进行调整。在确定公司创始人之后，本书采用了公司创始人是否担任上市公司总经理 CEO 来衡量创始人效应。同时，本书结合创始人后代担任 CEO（本书简称二代 CEO）情况对创始人效应进行对比分析研究。总之，创始人效应指标具体分解为两个：创始人任职 CEO（OCEO），二代任职 CEO（DCEO）。也有研究发现，创始人任职企业董事长也会带来同样显著的效应（Villalonga and Amit，2006）。在稳健性检验中本书采用了家族创始人任职公司董事长来检验创始人效应。

第三，主要影响家族低涉入公司代理冲突的变量：家族超额控制。有研究指出（Amit, et al.，2010），家族大股东掌握的超额控制权可以通过交叉持股、构筑金字塔控股结构、家族董事会席位占比超额控制来实现。本书使用控制权与现金流权分离度（Div）来衡量家族超额控制。

第四，反映两类家族企业总体代理冲突差异的虚拟变量，家族涉入程度（IP）。由于家族涉入（通过所有、控制、管理涉入）企业的程度不同，企业面临的主要代理问题存在差异，进而代理冲突的严重程度也产生差别。根据上文定义，同时符合控制权 >10%，并且至少有两位家族成员担任公司高管（包括董事长、总经理、董事、高级经理、监事）界定为家族高涉入公司，此时 IP 取值为 1；否则为家族低涉入公司，IP 取值为 0。

③产业政策。

本书使用虚拟变量 H 来具体反映产业政策的影响。参照陈东华等（2010）的研究，本书根据"十五计划"至"十二五规划"中的关键词，确定了产业政策明确鼓励行业。当公司所处行业为产业政策鼓励发展行业，H 取值为 1；否则为 0。产业政策鼓励支持行业的选取标准见表 4.2 – B。

文中使用的其他变量详细描述见表 4.2 – A。

表 4.2 – A   Panel A 变量描述

	符号	具体定义
因变量	Inv	资本投资。使用（固定资产、长期投资和无形资产的净值改变量）/期末总资产计算。

	符号	具体定义
自变量	TQ	使用市场价值表示的公司投资机会，Tobin's Q 值。用（股权市值 + 净债务市值）/期末总资产计算。
	ROE	使用获利能力表示的公司投资机会，即净资产收益率。用期末净利润/净资产计算。
	Altruism	利他主义变量。用家族成员担任公司高管（包括公司董事、高级经理、监事）人数占公司高管总数的比例计算。
	OCEO	家族创始人担任总经理虚拟变量。是为 1，否则为 0。
	DCEO	家族二代（包括创始人的亲属和后代）担任总经理虚拟变量。是为 1，否则为 0。
	Div	家族超额控制变量。用家族所有成员控制权之和减去现金流权之和计算。
	IP	家族涉入公司程度虚拟变量。如同时符合控制权 > 10%，并且至少有两位家族成员担任公司高管（包括董事长、总经理、董事、高级经理、监事），为家族高涉入公司，取值为 1，否则为家族低涉入公司，取值为 0。
	H	产业政策虚拟变量。受到产业政策鼓励公司为 1，否则为 0。
	CF	现金流量。用经营活动的现金流除以年末总资产计算。
	Own	终极所有权变量。控制家族全部持股成员对上市公司的现金流权之和。现金流权等于每条控制链上的现金流权之和。
	Size	公司规模。用公司年末总资产的自然对数计算。
	Age	公司上市年龄。
	Lev	资产负债率。用公司年末负债总额除以年末总资产计算。
	Year	年度控制变量；以 2004 年为基准，共使用 8 个年度虚拟变量。
	IND	行业控制变量；按照证监会 2001 行业分类，其中制造业按照 2 位代码细分，日用电子器具制造业 C55 和其他电子设备制造业 C57 合并为一个行业；煤气生产和供应业 D03 和自来水的生产和供应业 D05 合并为一个行业；剔除金融行业后共 42 个行业，设 41 个虚拟变量。

表4.2－B　　　　　　　　**Panel B 产业政策变量定义**

十五计划（2001～2005）	
产业政策明确鼓励的行业 H＝1	农业（A）、采掘业（B）、电力、蒸汽、热水的生产和供应业（D01）、原材料工业化学纤维制造业（C47）、橡胶制造业（C48）、塑料制造业（C49）、化学原料及化学制品制造业（C43）、有色金属冶炼及压延加工业（C67）、金属制品业（C69）、非金属矿物制品业（C61）、化学原料及化学制造业（C43）、医药制造业（C81）、生物制品业（C85）造纸及纸制品业（C31）、电器机械及器材制造业（C76）、化学纤维制造业（C47）、纺织业（C11）、普通机械制造业（C71）、专用设备制造业（C73）、仪器仪表及文化、办公用机械制造业（C78）、服务业（K）、交通运输设备制造业（C75）建筑业（E）电子元器件制造业（C51）、生物制品业（C85）、交通运输设备制造业（C75）、医药制造业（C81）、信息技术业（G）、房地产业（J）、建筑业（E）、零售业（H11）、交通运输业（F）、电子元器件制造业（C51）、基础设施电力、蒸汽、热水的生产和供应业（D01）。
十一五规划（2006～2010）	
产业政策明确鼓励的行业 H＝1	农业（A）、电子元器件制造业（C51）、信息技术业（G）、医药制造业（C81）、生物制品业（C85）交通运输设备制造业、（C75）化学原料及化学制品制造（C43）、电器机械及器材制造业（C76）、专用设备制造业（C73）、电力、蒸汽、热水的生产和供应业（D01）、煤气生产和供应业（D03）、采掘业（B）、有色金属冶炼及压延加工业（C67）、医药制造业（C81）、生物制品业（C85）、化学原料及化学制品制造业（C43）、食品加工业（C01）、交通运输业（F）、信息技术业（G）、房地产业（J）、服务业（K）。
十二五规划（2011～2012）	
产业政策明确鼓励的行业 H＝1	农业（A）、采掘业（B）、化学原料及化学制品制造业（C43）、塑料制造业（C49）、普通机械制造业（C71）、专用设备制造业（C73）、交通运输设备制造业（C75）、电力、蒸汽、热水的生产和供应业（D01）、建筑业（E）、交通运输业（F）、信息技术业（G）、服务业（K）、传播与文化产业（L）、战略新兴产业。

　　注：行业标准依据证监会2001年度颁布的《上市公司行业分类指引》；十五计划和十一五规划的明确鼓励行业参照陈东华等（2010）研究调整而得；十二五规划的战略新兴产业公司依据证券市场战略性新兴产业板块公司数据。

4.4　实证结果与分析

4.4.1　描述性统计分析

　　表4.3列出了主要研究变量的描述性统计结果。结果显示，家族高涉入公

司与家族低涉入公司投资规模存在显著差异。总体上看，高涉入公司投资规模显著大于低涉入公司投资规模。并且不论是产业政策鼓励行业还是不鼓励行业均存在显著差异。反映公司的投资机会的变量 Tobin's Q（TQ）家族高涉入公司要显著低于家族低涉入公司，但是反映当前获利能力的 ROE 家族高涉入公司与家族低涉入公司没有显著差异。在几个家族涉入指标中，利他主义高涉入公司显著大于低涉入公司；创始人任职 CEO 指标（OCEO）高涉入公司也显著大于低涉入公司；家族超额控制指标（Div）家族低涉入公司显著大于家族高涉入公司；公司经营活动现金流高涉入公司显著小于低涉入公司。

表 4.3   主要变量的描述性统计

变量	家族公司样本			鼓励行业			不鼓励行业		
	高涉入 (1)	低涉入 (2)	T 值 (1)~(2)	高涉入 (3)	低涉入 (4)	T 值 (3)~(4)	高涉入 (5)	低涉入 (6)	T 值 (5)~(6)
Inv	0.085	0.064	6.98***	0.085	0.067	5.42***	0.084	0.061	4.29***
TQ	1.806	2.144	-6.77***	1.926	2.138	-3.05***	1.692	2.151	-6.30***
ROE	0.084	0.076	1.55	0.073	0.065	1.03	0.077	0.066	1.21
Altruism	0.159	0.042	44.61***	0.163	0.045	35.35***	0.155	0.039	29.05***
O_CEO	0.562	0.167	24.88***	0.531	0.166	14.73***	0.595	0.173	18.33***
Div	0.058	0.075	-9.64***	0.624	0.759	-5.76***	0.546	0.740	-7.70***
Own	0.340	0.235	17.28***	0.332	0.239	11.01***	0.347	0.230	13.50***
CF	0.041	0.051	-5.98***	0.062	0.053	-6.39***	0.044	0.048	-1.36
N	1336	2872	4208	648	1620	2268	688	1252	1940

注：表中报告的是各变量的均值，均值差异检验采用独立样本 T 检验；*、**、*** 依次代表在 10%、5%、1% 水平下显著。

4.4.2 回归分析

进行多元回归分析之前，本书对方程研究变量进行了相关性检验。被解释变量和大部分解释变量之间存在显著性关系，并且解释变量与控制变量之间的关系基本符合逻辑，自变量间的相关系数均小于 0.4，经多重共线性检验之后，VIF 值均小于 2.5，说明方程多重共线性的可能性较小。限于篇幅，本书未予报告。

表 4.4 和表 4.5 分别报告了以 Tobin's Q 和净资产收益率代表投资机会时，家族公司代理问题对投资效率的影响。首先，无论在高涉入家族公司组还是低涉入家族公司组，以及全样本组中，被解释变量家族公司投资规模与 Tobin's Q 以及净资产收益率之间均呈显著的正相关关系，这与托宾（Tobin，1969）、斯坦（Stein，2003）的研究结论相符。在此基础上，以下首先报告假设 1～假设 3 的检验结果。

（1）家族高涉入公司代理冲突与投资效率

表 4.4 和表 4.5 第（1）～（4）栏报告了假设 1 的检验结果。可以看出，在家族高涉入公司中，利他主义和创始人效应显著影响了第一重代理问题，导致投资效率发生变化。首先，利他主义显著降低了投资支出与投资机会的敏感性程度。如表 4.4 第（4）栏所示，利他主义与 Tobin's Q（TQ）的交乘项系数为 -0.044，T 值为 -2.82，在 1% 水平上通过显著性检验。再如表 4.5 第（4）栏所示中利他主义与净资产收益率（ROE）的交乘项系数为 -0.608，T 值为 -2.30，在 5% 水平上通过显著性检验。以上结果说明家族高涉入企业中利他主义显著降低了投资效率。其次，家族创始人担任 CEO（OCEO）显著提高了资本投资支出与投资机会之间的敏感程度。如表 4.4 第（4）栏和表 4.5 第（4）栏所示，OCEO 与 TQ 的交乘项系数为 0.015，T 值为 3.53，在 1% 水平上通过显著性检验；OCEO 与 ROE 的交乘项系数为 0.233，T 值为 3.87，在 1% 水平上通过显著性检验。同时，结果也表明，二代 CEO 降低了投资效率但并不显著（DCEO 与 TQ 的交乘项系数为 -0.014，T 值 -1.17；DCEO 与 ROE 的交乘项系数为 -0.139，T 值 -1.05）。以上结果证实假设 1 总体上成立。

控制变量中，家族现金流量越多，公司投资规模越大，同时公司上市年龄越长，负债比例越大，投资规模越小，说明随着上市时间较长的家族企业，对风险预期较大，投资规模也随之缩减，这些结果与以有研究基本一致（辛清泉等，2007；靳庆鲁等，2012）。但是，家族持股比例和家族公司规模大小与公司资本投资规模之间关系不显著。

（2）家族低涉入公司代理冲突与投资效率

表4.4和表4.5的第（5）栏报告了家族低涉入公司代理问题对投资效率影响的检验结果。从表中可以看出，随着家族控制权与现金流权分离程度的增加，企业资本投资支出与投资机会敏感程度显著下降（Div 与 TQ 的交乘项系数为 −0.511，T 值 −2.99，在1%水平上通过显著性检验；Div 与 ROE 的交乘项系数为 −0.059，T 值 −2.24，在5%水平上通过显著性检验）。说明家族控制权与现金流权分离度显著降低了投资效率。因此，在家族低涉入公司中，控制权与现金流权分离显著影响了第二重代理问题，导致投资效率显著下降。以上结果证实了假设2成立。

（3）家族涉入程度与公司投资效率

表4.4和表4.5第（6）栏报告了假设3的检验结果。结果显示，在控制了其他因素影响之后，首先，家族涉入程度的哑元变量 IP 与 TQ 交乘项的回归系数为 −0.004，T 值 −2.38，5%水平上显著；其次，家族涉入程度的哑元变量 IP 与 ROE 交乘项的回归系数为 −0.057，T 值 −2.17，5%水平上显著。以上说明高涉入家族公司显著降低了投资规模投资机会之间的敏感性，因此，相比家族低涉入公司，家族高涉入公司的投资效率较低。实证结果支持了假设3。这一结果意味着不同类型的家族企业，其内部代理问题的严重程度具有显著差异，对公司投资效率产生了重要的影响，再次说明研究家族企业问题要分类细致进行。

表4.4 　　　　　　　　　两类家族企业代理冲突与投资效率（TQ）

	家族高涉入				家族低涉入	全样本
	（1）	（2）	（3）	（4）	（5）	（6）
Intercept	0.126 （1.62）	0.125 （1.62）	0.122 （1.58）	0.123 （1.59）	0.556 ** （1.98）	0.101 *** （3.03）
TQ	0.046 *** （5.86）	0.035 *** （4.99）	0.030 *** （4.74）	0.009 ** （2.06）	0.214 *** （4.87）	0.006 ** （5.97）

续表

	家族高涉入				家族低涉入	全样本
	(1)	(2)	(3)	(4)	(5)	(6)
Altruism	0.319** (2.46)	0.282** (2.10)	0.077* (1.93)	0.052* (1.94)	0.065 (0.55)	0.421 (0.77)
OCEO	−0.178*** (−7.45)	−0.126*** (−8.01)	−0.136*** (−8.63)	−0.022** (−2.18)	−0.165 (−0.44)	−0.144 (−0.77)
DCEO	0.021 (0.55)	0.033 (0.76)	0.004 (0.33)	−0.007 (−0.65)	−0.005 (−0.13)	0.056 (0.47)
Div	0.066 (0.96)	0.055 (0.82)	0.043 (0.64)	−0.032 (−0.83)	0.182 (0.27)	0.345 (0.36)
IP						0.015* (1.84)
Altruism × TQ	−0.252** (−2.08)			−0.044*** (−2.82)		−0.004 (−1.34)
OCEO × TQ		0.079*** (4.82)		0.015*** (3.53)		0.001 (0.59)
DCEO × TQ			−0.007 (−1.08)	−0.014 (−1.17)		−0.003 (−0.86)
Div * TQ					−0.511*** (−2.99)	0.011 (1.02)
IP * TQ						−0.004** (−2.38)
CF	0.075*** (3.11)	0.084** (2.45)	0.049* (1.67)	0.080*** (2.96)	0.022** (2.04)	0.072*** (5.10)
Own	0.024 (0.61)	0.018 (0.49)	0.028 (0.70)	0.002 (0.12)	0.193 (0.50)	0.356 (0.77)
Size	0.001 (0.21)	0.001 (0.25)	0.001 (0.32)	−0.001 (−0.40)	0.062 (1.04)	−0.001 (−0.78)
Age	−0.001*** (−2.67)	−0.001*** (−2.67)	−0.001*** (−2.81)	−0.005*** (−7.19)	−0.012 (−1.09)	−0.001*** (−5.07)
Lev	−0.037** (−2.53)	−0.036** (−2.47)	−0.038*** (−2.58)	−0.021** (−2.28)	0.420** (−2.26)	−0.031*** (−3.98)

续表

	家族高涉入				家族低涉入	全样本
	（1）	（2）	（3）	（4）	（5）	（6）
IND	control	control	control	control	control	control
Year	control	control	control	control	control	control
N	1336	1336	1336	1336	2872	4208
$Adj - R^2$	0.174	0.243	0.140	0.116	0.152	0.147

注：***、**、*分别表示在1%、5%和10%水平下显著；括弧里的数字为T值。

表4.5　　　　　两类家族企业代理冲突与投资效率（ROE）

	家族高涉入				家族低涉入	全样本
	（1）	（2）	（3）	（4）	（5）	（6）
Intercept	0.316 *** (4.04)	0.333 *** (4.26)	0.337 *** (4.30)	0.319 *** (4.09)	0.109 *** (10.33)	0.288 *** (7.10)
ROE	0.026 * (1.66)	0.065 *** (3.08)	0.071 *** (3.24)	0.039 ** (1.98)	0.024 ** (2.50)	0.025 *** (4.05)
Altruism	-0.141 *** (-3.21)	-0.063 * (-1.73)	-0.056 * (-1.77)	-0.117 *** (-2.64)	0.152 (1.37)	0.029 (1.16)
OCEO	-0.003 * (-1.67)	-0.018 ** (-2.11)	-1.531 * (-1.69)	-0.019 ** (-2.25)	-0.002 (-0.47)	-0.002 (-0.67)
DCEO	0.001 (0.02)	-0.001 (-0.02)	-0.011 (-1.42)	-0.012 (-1.04)	-0.007 (-0.69)	-0.003 (-0.63)
Div	0.001 (0.23)	0.005 (0.15)	0.009 (0.24)	-0.005 (-0.14)	0.013 (0.55)	0.020 (1.00)
IP						0.001 * (1.94)
Altruism × ROE	-0.880 *** (-3.39)			-0.608 ** (-2.30)		-0.011 (-0.09)
OCEO × ROE		0.226 *** (3.89)		0.233 *** (3.87)		0.010 (0.47)
DCEO × ROE			0.115 (1.31)	-0.139 (-1.05)		0.053 (1.15)

续表

	家族高涉入				家族低涉入	全样本
	（1）	（2）	（3）	（4）	（5）	（6）
Div × ROE					− 0. 059 ** （− 2. 24）	− 0. 051 （− 0. 68）
IP × ROE						− 0. 057 ** （− 2. 17）
CF	0. 091 *** （3. 38）	0. 087 *** （3. 23）	0. 090 *** （3. 33）	0. 079 *** （2. 96）	0. 079 *** （4. 78）	0. 077 *** （5. 42）
Own	0. 019 （0. 97）	0. 017 （0. 89）	0. 023 （1. 15）	0. 010 （0. 54）	0. 027 ** （1. 98）	0. 033 ** （2. 97）
Size	− 0. 009 ** （− 2. 40）	− 0. 010 *** （− 2. 72）	− 0. 010 *** （− 2. 88）	− 0. 103 *** （− 2. 65）	− 0. 112 ** （− 2. 05）	− 0. 008 *** （− 4. 46）
Age	− 0. 004 *** （− 6. 33）	− 0. 004 *** （− 6. 33）	− 0. 004 *** （− 6. 39）	− 0. 005 *** （− 6. 41）	− 0. 014 *** （− 7. 92）	− 0. 021 *** （− 9. 67）
Lev	− 0. 002 （− 0. 14）	− 0. 003 （− 0. 22）	− 0. 004 （− 1. 27）	− 0. 003 （− 0. 27）	− 0. 045 （− 4. 44）	− 0. 021 （− 2. 37）
Ind	control	control	control	control	control	control
Year	control	control	control	control	control	control
N	1336	1336	1336	1336	2872	4208
Adj − R²	0. 134	0. 131	0. 133	0. 133	0. 161	0. 142

注：*** 、** 、* 分别表示在 1%、5% 和 10% 水平下显著；括弧里的数字为 T 值。

（4）产业政策、融资约束与家族公司投资效率

表 4.6 报告了分别用 Tobin's Q（TQ）和净资产收益率（ROE）代表投资机会时，产业政策对异质家族企业融资约束，进而对公司投资效率的影响。表 4.6 第（1）列至第（3）列，反映了当投资机会用 Tobin's Q 表示的检验结果；第（4）列至第（6）列，反映了当投资机会用 ROE 表示的检验结果。首先，分析产业政策对家族公司融资约束影响。从表中结果看出，不论是全样本还是家族高涉入公司样本、家族低涉入公司样本，公司现金流（CF）与投资支出（Inv）之间均在 1% 水平上显著正相关，说明家族企业的投资支出与自由现金

流存在高度敏感性，即家族企业存在比较明显的融资约束问题。此外，总体上看，所有类型家族公司的样本检验结果均反映出，产业政策显著降低了投资支出与自由现金流之间的敏感程度（交乘项 H×CF 系数均为负，并均在 10% 水平以上通过了显著性检验）。这说明产业政策能够降低家族企业的融资约束，以上结果证实假设 4 成立。

其次，分析产业政策对异质家族企业公司投资效率影响。从所有公司样本来看，各个家族公司样本中产业政策与公司投资支出之间显著正相关，说明产业政策鼓励支持能够显著扩大家族企业的投资规模。在此基础上，由分样本结果看出，家族高涉入公司中，产业政策显著降低了投资支出与投资机会的敏感性（交乘项 H×TQ 系数 −0.005，T 值 −1.94，10% 水平显著；交乘项 H×ROE 系数 −0.076，T 值 −1.76，10% 水平显著）。在家族低涉入公司中，产业政策显著提高了公司投资支出与 Tobin's Q 之间的敏感性（交乘项 H×TQ 系数 0.022，T 值 2.03，5% 水平显著），但产业政策对低涉入公司投资支出与 ROE 之间的敏感性的提高效果较弱（交乘项 H×ROE 系数 0.012，T 值 1.66）。实证结果支持假设 5 成立。

表 4.6　　　　　　　　　　　产业政策、融资约束与投资效率

	TQ			ROE		
	家族公司总样本（1）	家族高涉入公司（2）	家族低涉入公司（3）	家族公司总样本（4）	家族高涉入公司（5）	家族低涉入公司（6）
Intercept	0.164 *** (3.94)	0.104 * (1.69)	0.054 (1.33)	0.288 *** (7.11)	0.334 *** (4.25)	0.254 *** (4.33)
H	0.005 * (1.77)	0.015 ** (2.31)	0.009 ** (2.18)	0.001 * (1.73)	0.010 * (1.69)	0.003 * (1.78)
CF	0.109 *** (4.96)	0.210 *** (4.90)	0.128 *** (4.64)	0.099 *** (4.77)	0.144 *** (3.56)	0.0756 *** (3.12)
H×CF	−0.061 ** (−2.24)	−0.108 ** (−1.96)	−0.024 ** (−1.99)	−0.034 ** (−2.01)	−0.088 * (−1.75)	−0.004 * (−1.81)

	TQ			ROE		
	家族公司总样本（1）	家族高涉入公司（2）	家族低涉入公司（3）	家族公司总样本（4）	家族高涉入公司（5）	家族低涉入公司（6）
TQ	0.006 *** (5.59)	0.006 ** (2.22)	0.005 *** (4.17)			
H × TQ	0.015 (1.02)	− 0.005 * (− 1.94)	0.002 ** (2.03)			
ROE				0.036 *** (4.36)	0.148 *** (3.86)	0.027 *** (3.27)
H × ROE				− 0.008 (− 0.77)	− 0.076 * (− 1.76)	0.012 * (1.66)
Altruism	0.447 (0.65)	− 0.235 *** (− 3.65)	0.298 (0.43)	0.031 (1.23)	− 0.057 ** (− 2.06)	0.150 (0.34)
OCEO	− 0.012 * (− 1.77)	− 0.136 *** (− 8.63)	− 0.008 (− 0.77)	0.002 (0.67)	− 0.004 * (− 1.73)	− 0.002 (− 0.52)
DCEO	0.013 (0.21)	0.004 (0.33)	− 0.005 (− 0.22)	0.003 (0.69)	0.002 (0.09)	− 0.007 (− 0.71)
Div	0.151 (1.21)	0.078 (0.98)	0.112 (0.55)	0.020 (0.97)	0.014 (0.35)	0.023 (0.97)
Own	0.033 (0.77)	0.011 (0.56)	− 0.087 (− 0.43)	0.035 (1.17)	0.022 (1.10)	0.036 (1.56)
Age	− 0.005 *** (− 13.87)	− 0.005 *** (− 9.29)	− 0.005 *** (− 13.90)	− 0.004 *** (− 9.55)	− 0.004 *** (− 6.33)	− 0.003 *** (− 7.78)
Lev	− 0.013 *** (− 3.84)	− 0.011 * (− 1.76)	− 0.008 ** (− 2.69)	− 0.019 ** (− 2.18)	− 0.003 (− 1.23)	− 0.036 *** (− 3.50)
Size	0.002 (1.13)	0.007 ** (2.25)	0.002 (1.31)	0.008 *** (4.48)	0.011 *** (2.96)	0.008 *** (3.42)
IND	control	control	Control	Control	Control	Control
Year	control	control	Control	Control	Control	Control
N	4208	1336	2872	4208	1336	2872
Adj − R²	0.148	0.144	0.117	0.139	0.142	0.146

注：*** 、** 、* 分别表示在1%、5%和10%水平下显著；括弧里的数字为 T 值。

4.5　稳健性检验

首先，本书对文中使用的主要变量改变定义和计算，进行重新回归。对文中使用的投资规模指标，本书选择"处置固定资产、无形资产和其他长期资产收回的现金净额"作为投资项目的调整项，运用调整后的指标值再次对构建方程进行回归检验；对于公司投资机会的衡量指标，使用基于行业调整的 Tobin's Q 和基于行业调整的净资产收益率进行检验；文中对代理冲突指标，分别选用可替代变量进行检验。利他主义使用家族担任董事和高级经理人数除以总人数来计量，创始人效应采用创始人担任公司董事长来衡量，超额控制指标使用控制权除以现金流权来计量。其次，剔除资本投资 1% 分位极端值。在进行以上处理之后，回归结果与上文回归结果未发现实质性差异。

4.6　本 章 小 结

本章以我国 2004~2012 年我国家族上市公司为研究样本，根据家族涉入企业的程度，将家族企业划分为高涉入与低涉入两类家族企业。家族高涉入企业主要面对第一重代理冲突。虽然创始人任职 CEO 削弱了第一重代理冲突，继而提高投资效率，但家族利他主义却增加了第一重代理冲突，显著降低了投资效率。家族低涉入企业主要存在第二重代理冲突，控制权和现金流权分离增加了代理冲突，降低了投资效率。在当前制度背景下和我国家族企业（本书主要研究上市阶段的大型家族企业），相对家族低涉入企业，家族高涉入企业总体上代理问题比较严重，投资效率较低。进一步，本章结合企业外部宏观产业政策，研究产业政策对高低涉入两类家族企业投资效率的影响。研究结果表明，产业政策的鼓励显著改善了家族企业的融资环境，提高了低涉入家族公司投资效率，但却明显降低了高涉入家族公司的投资效率。

本章深入细致地研究了家族公司内部治理特征对投资效率的影响，为改进家族上市公司治理结构,提高公司投资效率探寻了优化路径。当前我国家族上市公司投资效率取决于家族对公司的涉入状况,家族利他主义、创始人效应和两权分离度、家族涉入程度这些因素对异质家族企业的投资效率产生了重要影响。总体上来看,家族高涉入企业的代理冲突大于家族低涉入企业,而投资效率较低。由此可以看出,我国家族上市公司需要逐步实现从家族治理向现代公司治理转型。具体做法包括减少家族对企业的涉入程度,引入外来职业经理,构建完善的公司治理结构等。当然,从文中家族创始人正面效应的研究结果来看,家族企业中非正式契约治理的优势也不可抹杀。由此,家族企业需要尽快探索完善家族元老退出和家族继承人培养机制,实现家族企业交棒的平稳过渡。其次,为了制约家族股东掏空行为,应该进一步加大外部监管力度,完善企业信息披露,特别是实际控制人亲缘信息披露制度。再者,家族上市公司的发展离不开国家政策引导与支持。对具有不同治理特征和代理问题的家族企业,产业政策实施效果具有显著差异。因此,政府政策制定部门应该针对不同类型微观个体出台有针对性的宏观经济政策,这样才能最终实现推动宏观经济体系良好运转和微观经济个体的健康发展的调控目标。

5

产业政策、代理冲突与家族
企业研发投资效率

5.1 引 言

研发投资又称 R& 投资。R&D 是 Research and Development 的缩写，即
"研究与开发"或"研究开发"，简称"研发"。所谓"研究"是为获得新的
科学技术知识而从事的有计划有创造性的调查、分析和实验活动，可以是基础
性研究也可以是应用性研究，其目的在于发现新知识，并期望利用这种知识能
开发出新材料、新产品或新的配方技术，或对现有产品的性能、质量所做的较
大改进。"开发"是在开始商品生产或使用前将研究成果转化为一种新产品或
工艺的系列活动，包括概念的形成、样品的设计、不同产品的测试和模型的建
造以及试验工厂的运行等。研究与开发支出（R&D 支出）对发展与生产创新
产品，技术和服务，保持竞争力，确保企业长期生存非常重要。研发投资不仅
与企业相关，而且对整个国家的经济兴衰都有影响。研发投资带来的创新创造
了新知识和就业机会，很大程度上促进了社会繁荣。近年来，我国政府高度重
视技术创新问题，提出要把增强自主创新能力作为科学技术发展的战略基点和

调整产业结构、转变经济增长方式的中心环节。截至 2012 年，我国研究与试验发展（R&D）经费支出共计 10240 亿元，占国内生产总值（GDP）的 1.97%，实现了从 2000 年来的连续增长。同时 2012 年专利申请授权量累积超过了 110 万件。当前通过技术创新推进工业进步、产业升级和经济结构调整已成为我国经济发展的主题之一。技术创新在社会生活中的重要作用也引发了学术界对 R&D 支出影响因素和经济后果的高度关注。在过去的几十年里，学术界对公司治理和激励结构如何影响 R&D 支出的研究越来越深入，已有研究从所有权安排、高管薪酬激励、董事会规模以及结构，以及制度背景等方面，探讨了企业研发投入的影响因素（Cheng，2004；任海云，2010；王燕妮，2011；蔡地和万迪昉，2012）。同时关注 R&D 支出经济后果（企业业绩和公司价值等）方面的研究成果也比较丰富（程宏伟、张永海和常勇，2006；罗婷、朱青和李丹，2009；巩娜，2013）。研究普遍认为公司治理、制度背景是影响企业 R&D 支出的重要因素，但是不同治理特征影响 R&D 支出的程度与方式存在差异。此外，研发支出的经济后果在企业不同内部治理和外部环境之下也存在差异。因此，细致联系不同企业的内部治理特征和企业外部环境开展研发投资研究是当前仍然需要进行深入研究问题。

家族企业在世界范围内的发展势头迅猛，家族大股东的角色越来越引起理论界和实务界的注意。以前的研究表明，在一些情况下，家族控股股东利用控制权攫取私利的意图明显。法玛和詹森（Fama and Jenson，1985）指出，大型集中性股东会根据自身的风险偏好来进行投资，而不顾及其他非家族股东基于市场规则的投资偏好。而在另一些情况下，家族控股股东的存在又会给企业的其他利益相关者带来好处。埃德蒙斯（Edmans，2009）研究认为股权集中的大股东削弱了经理进行短视投资决策的动机和压力，因此大股东控股企业倾向于实施长期投资战略。那么，为何家族大股东会表现出迥然不同投资偏好？家族大股东的投资偏好又会怎样影响企业研发投资？此外，企业财务行为不仅受到公司内部治理特征的影响，外部政府干预也是影响企业投融资决策的重要因素。在各种政府干预手段中，产业政策是其中重要手段之一。已有一些学者开始探讨产业政策对微观企业投融资行为的影响（Chen et al.，2013）。那么，国家产业政策是否以及如何对家族企业的研发投资产生影响？

针对以上问题，本章展开了比较深入的研究。本章可能的创新之处在于：第一，从家族涉入视角，对家族企业进行分类，在细致地研究两类家族企业代理问题差异的基础上，进一步研究家族涉入对上市公司研发投资决策的影响。力图从深层次的代理冲突视角，找出影响家族企业研发投资的关键所在。第二，结合外部国家产业政策，研究产业政策影响下，不同类型家族企业 R&D 投资强度和 R&D 投资的价值创造效应。研究既进一步检验了异质家族企业代理问题所映射的经济后果差异，也丰富了产业政策理论，为提高政策执行的效率提供了新证据。

5.2 进一步的文献回顾

5.2.1 研发投资特征

研发投资是公司生产新产品或技术的前提条件，研发投资能够加强竞争力，保证公司长期的生存，因此研发投资对公司的生存发展以及国家的整体经济生活日益重要。已有大量研究关注了研发投资特征。谢勒和哈霍夫（Scherer and Harhoff，2000）认为大量研发投资项目在初始阶段往往产生负的现金流，只有在项目后期才会盈利。因此，研发项目的投资回报一般是不确定高度有偏的。阿布迪和利维（Aboody and Lev，2000）研究发现研发投资项目的特征是信息高度不对称，同时 R&D 投资给公司带来长期利益，这些利益能够潜在地超过资本支出。霍尔和勒纳（Hall and Lerner，2010）指出，R&D 项目投资需要专业性的科学知识，需要人力资本的积聚。R&D 投资是长期性的，具有高度的公司特有风险，R&D 项目投资的收益具有高度不确定性。科塔里、拉盖尔和莱昂内（Kothari，Laguerre and Leone，2002）撰文强调了 R&D 投资的风险。他们认为 R&D 投资对企业未来收益变化的影响要远远超过资本支出，超出的比例值在 30% 以上，有些甚至高达 70%。总之，现有文献认为研发支出会对企业带来收益，但研发投资收益具有不确定性，使公司和投资者承担着较大的公司特有风险。

5.2.2 研发投资与公司价值

目前有关研发投资强度与公司价值的研究成果较多，但研究结论存在差异。国外学者博斯沃思和罗杰斯（Bosworth and Rogers，2001）研究澳大利亚企业研发投资情况发现，R&D 投入以及专利创新与公司市场价值显著正相关。陈、拉克尼肖克和苏吉亚尼斯（Chan，Lakonishok and Sougiannis，2001）的研究表明，研发支出与公司股票未来报酬率之间并无显著关联。韩和曼里（Han and Manry，2004）利用韩国企业数据检验了研发支出的价值相关性，发现研发支出与公司股价呈正相关关系。埃伯哈特、麦克斯韦和西迪基（Eberhart，Maxwell and Siddique，2008）研究了 R&D 支出对债权人的影响。研究认为 R&D 支出能够降低违约风险，提高公司价值，使公司债权人获得较多的利益。达鲁、弗兰岑和拉达克里希南（Darrough，Franzen and Radhakrishnan，2009）使用奥尔森模型，研究了亏损企业和盈利企业 R&D 支出的价值相关性。研究结果表明亏损企业 R&D 支出具有显著正向价值相关性，但盈利企业却相反。张等（Chang et al.，2010）研究了家族公司股票价格对公司发布技术创新公告的反应。结果表明，家族控制越强，股价对公司创新公告反应的负向影响越显著。我国学者谢小芳、李懿东和唐清泉（2009）研究发现企业的研发投入价值虽然在产品市场上得到了消费者的认可，但是公司披露研发投入的价值信息并没有得到股票市场上投资者的认同。此外，也有学者研究提出 R&D 投入对企业发展与公司业绩产生的影响具有时滞性，公司研发支出对公司价值的关系受到企业内部和外部诸多因素的影响。罗婷、朱青和李丹（2009）研究发现 R&D 投入与公司未来年度的盈利水平正相关，但与公司当期股价变动不相关。李倩（2010）将研发支出划分为经费支出与人员投入两个部分，研究发现我国企业当期研发投入以及滞后三期的研发投入对公司绩效产生了显著的正向影响。但是科研资金投入（用研发经费支出表示）与科技人员投入对公司业绩影响的时滞性存在差异，意味着研发投入对公司绩效影响的时滞效应会随投入要素性质的不同（资金要素抑或人员要素）而不同。徐欣和唐清泉

（2010）对 R&D 活动是否影响企业价值和业绩进行了分析，研究发现 R&D 投资能显著提高企业价值和经营业绩。甄丽明和唐清泉（2012）构建了技术、组织和环境影响因素框架，并在此基础上研究了 R&D 投资的价值创造问题。发现企业 R&D 投资创造价值过程深受企业的技术专属性和互补性资产的影响。陈守明、冉毅和陶兴慧（2012）研究发现 R&D 投资强度与企业当期和后一期的公司价值显著正相关；国有企业降低了 R&D 投资强度与公司价值之间正相关关系；董事长兼任总经理却能提高 R&D 投资强度与公司价值之间正相关关系。

5.2.3　企业外部环境与研发投资

公司外部环境也是影响研发投资的重要因素之一。林、林和宋（Lin, Lin and Song, 2010）研究了我国投资者保护对 R&D 投资的影响。研究发现，投资者保护度的提高以及公司外部融资约束的放松，都可以促使企业扩大投资规模和增加研发投入。汉娜和圣彼埃尔（Hanel and St. Pierre, 2002）分析了知识产权保护的有效性对研发支出与企业效率之间关系的影响。结果发现有效的外部知识产权保护显著提高了研发支出与企业效率之间的正相关关系。此外，税收和政府直接补贴也是影响企业 R&D 投资的重要因素。达格奈斯和塞里恩（Dagenais and Therrien, 1997）以加拿大公司为研究样本，发现政府每减少 1 加元税收，则增加私人 R&D 支出增加 0.98 加元。盖莱克和范·博特尔斯伯西（Guellec and Van Pottelsberghe, 2003）的研究也发现税收激励对于公司 R&D 支出具有负向作用。我国学者夏杰长和尚铁力（2007）的实证研究发现，税收优惠政策具有促进研发投资作用。杜文献和吴林海（2007）认为我国政府 R&D 投资会诱导更多的企业 R&D 投入。因此，政府对研发投入的重视，将带动企业研发投入的积极性，有效地促进研发活动。吴延兵和米增渝（2011）研究发现，产品创新是决定企业市场竞争成败的关键。在民营企业中，不同的产品创新模式对企业的效率影响具有差异。有利的外部环境以及有效的激励机制，是促进企业创新模式改革的深化和推广，推动经济增长方式转型的重要举措。康华、王鲁平和杨柳青（2013）研究了民营上市公司的政治关系对企业研发活动影响。研究认为，政治关系在民营企业中有利于增加 R&D 投资，但是，地区差异会影响以上结果。俞立平（2013）研究了不同渠道的 R&D 投资和企业业绩的关系。研究发现，企业科技投入对产出的贡献最强，其次是政府科技投入，对产出有一定作用。银行科技贷款所占比例较小，对企业绩效的贡献总体不大。

5.3 理论分析和研究假设

5.3.1 家族企业的异质性与代理问题特征

第 3 章研究提出，家族企业其实并不是一个没有差异的整体，异质性家族企业在现实中同时并存。由于家族对企业涉入程度存在差异，使得家族共同理念、家族创始人、家族成员之间的关系、家族权利配置、家族代际传承等系列家族因素，各自单独或者相互影响共同对企业的行为和业绩发挥作用。最终，引导置身于其中的企业选择成为"差代理人"或"好管家"。因此，明确界定家族涉入内涵，对不同类型的家族企业分别细致分析，是展开家族企业问题深层次研究的重要条件。

按照家族涉入公司的程度，本章将家族上市公司分为高涉入家族公司与低涉入家族公司。所谓高涉入家族公司主要是指家族通过多位家族成员介入公司经营管理活动，包括担任董事，监事和高级经理以及掌握集中控制权等方式，高度介入公司治理活动之中；所谓低涉入家族公司是指公司控制人的其他家族成员不会在企业决策管理层（包括董事会，监事会和高级经理层）任职的家族公司以及家族控制水平较低的家族公司。

通过第 3 章的分析可以看出，家族高涉入公司中，企业主要面临第一重代理冲突。虽然创始人 CEO 能够减弱第一重代理冲突，但家族内部利他主义却显著增加了第一重代理冲突。家族低涉入公司主要面临第二重代理问题，控制权与现金流权分离是影响第二重代理问题的主要因素。下面拟联系家族企业代理问题，从研发投资视角，进一步深入拓展家族企业资本配置问题研究。

5.3.2 利他主义、创始人效应与高涉入家族企业研发投资强度

在家族高涉入情境下，由于家族利益与公司利益联系紧密，因此家族大股东对公司长期投资风险更加关注，对投资风险溢价的估值也更高。原因是随着投资规模的增加，收入不确定性会提高，公司特有风险会进一步增加。这直接影响了集中持股并高度参与企业活动的家族股东利益。由此，在家族高涉入企业中家族股东风险规避意识更加强烈。高涉入家族企业主要面临第一重代理冲突。利他主义和创始人效应是影响第一重代理冲突的关键因素。家族公司进入上市发行股票阶段，以及我国家族企业普遍处于交接换代的特殊时期，均使家族股东和高管利益分歧凸显，信息不对称程度加重，家族内部不对称利他现象严重。不对称利他增加了经理机会主义行为，进一步加重了家族股东投资风险负担。由上可以看出，在家族高涉入企业中，家族股东具有强烈的动机来消除公司特有风险，而利他主义的负面效应会进一步加强公司风险规避行为。

另一方面，与一般性的资本投资不同，研发投资具有信息不对称程度高，项目收益不确定、人力资本的离开风险（主要指关键性研发人员离开企业）大的特性。这使得公司以及公司股东暴露在更高程度的投资不确定性和公司特有风险之中。因此，可以预期的是家族公司会较少地将金融资产投放到长期的风险性投资项目——研发投资项目上去。那么，公司利他主义越严重，家族控制人力图降低公司风险，降低研发投资的动机越强烈。由上分析，本书提出假设1：利他主义程度越严重，家族高涉入公司研发投资强度越低。

家族高涉入公司中，家族成员担任CEO的比重较大。家族CEO又可分为创始人CEO和二代CEO两类。研究表明，这两类CEO会对公司价值产业不同影响（Anderson and Reeb，2003a；Villalonga et al.，2006）。创始人CEO历经长期艰苦创业过程，具有极强的人格魅力和动态权威。一方面，创始人CEO具有高瞻远瞩的投资视野，有更加强烈的动机来进行投资以保证公司的长期的活力和健康。并且创始人特有资源能够有效降低第一重代理冲突，干预公司的投资决策来消减短视行为；而二代CEO缺乏必要的商战历练，力图尽快树立个人权威，因此急功近利，谋取短期利益的意识较强。因此，可以预期的是创

始人 CEO 能够提高公司 R&D 投资强度，而二代 CEO 显著降低研发投资强度。但是，另一方面，随着公司规模扩张，进入成熟阶段之后，出于对创业结果的珍惜，创始人可能会较多实施守成战略，投资行为保守谨慎，因而减少对研发投资；而二代 CEO 不受企业发展固有模式的禁锢，雄心勃勃，力图大干一番事业，因而可能采用扩张战略，注重研发投资和公司长期发展。由此可以看出，两类 CEO 对公司 R&D 投资强度的影响并不确定。本书提出竞争性假设 2a 和 2b：

假设 2a：家族高涉入公司中，创始人 CEO 能提高研发投资强度，二代 CEO 降低研发投资强度。

假设 2b：家族高涉入公司中，创始人 CEO 降低研发投资强度，二代 CEO 能提高研发投资强度。

5.3.3 家族超额控制与家族低涉入企业研发投资强度

在前文分析中提出，家族低涉入企业主要面临第二重代理冲突，家族大股东倾向于通过构建金字塔结构，使控制权与所有权分离，实施隧道挖掘（tunne-ling）来剥夺中小股东。控制权与所有权分离的程度越大，股权结构的剥削性越大。此时，家族大股东为了谋取控制权私利，投资短视，难以将资金与精力投入具有高度不确定性与风险性的研发长期投资上去。因此，可以预期，随着家族公司控制权与现金流权分离程度的增加，公司研发投资强度会进一步下降。

假设 3：家族低涉入公司中，家族终极控制权和所有权的分离程度越大，公司研发投资强度越低。

5.3.4 家族涉入程度、代理冲突与公司研发投资强度

通过第四章分析可以看出，在我国特定的制度背景下，家族高度涉入企业后利他主义负面效应显著，使得第一重代理成为企业主要矛盾。但是受到日益严格的市场监管，家族低涉入企业的第二重代理冲突相对程度较轻。总体上看，家族高涉入企业代理问题更加严重，企业长期发展战略受阻。大股东将会

表现出强烈的风险规避意识，企业投资具有较强短期性。那么，在高涉入家族企业中，研发投资强度较低。此外，利他主义也会使高涉入企业出于家族利益考虑，在进行研发投资披露时更加谨慎。这也会进一步导致高涉入家族企业研发投资强度的降低。综上可以看出，相对家族低涉入企业，家族高涉入企业的研发投资强度较低。由此，本书提出假设4：相对低涉入公司，家族高涉入公司的研发投资强度较低。

5.3.5 产业政策、家族涉入程度与企业研发投资的价值创造

（1）产业政策与家族上市公司研发投资强度

公司研发投资决策不仅取决于内部治理特征，也取决于外部制度环境。对处于经济转型中的我国来讲，政府干预是不可忽视，甚至是关键性的影响因素。政府对经济干预可以通过多项方式进行，其中产业政策便是一种弹性很大的政府干预方式。产业政策是一国中央或地方政府制定的，主动干预产业经济活动的各种政策的集合（周淑莲等，2007）。近年来，我国的产业政策体系趋于完善与成熟。主要包括宏观层次中共中央委员会每隔5年制订的"五年计划"以及国家各个部委，根据经济发展的不同时期要求，发布的各类具体的产业扶持和限制政策等。

产业政策具有明确的投资政策倾斜和产业组织创新政策导向，是引导资金投放、人才集聚、技术研发的重要依据。产业政策影响公司投资决策的传导机制主要通过首先影响融资再影响投资这一过程进行。陈东华等（2010）指出，根据产业政策加速器理论，某项产业政策的出台会导致市场调高对该行业或产业的预期，从而提高股价。更高的股价改善了资产负债表的状况，降低了外部融资成本并进一步刺激了投资。伴随融资环境的改善，公司具有较为充足的资金进行长期投资，其中包括研发投资。另一方面，与其他宏观政策不同的是，产业政策的制定实施的目的之一在于推进我国产业换代，技术创新是实现产业政策目标的重要内容。因此，一些鼓励性产业政策实施时，往往会强调技术创新指标。专门资金的流向，会带动企业研发投资。综上所述，可以预期的是受

产业政策支持行业的家族公司，研发投资强度较高。由上可以看出，本书提出如下假设5：受到产业政策鼓励发展的家族企业研发投资强度较高。

（2）产业政策、家族涉入程度与上市公司研发投资价值创造

研发投资能够促使企业不断开发新技术，研发新产品或改进现有产品。新技术和新方法的运用对企业的成长起到了重要作用，为企业创造出新的价值。新技术可以提高企业的劳动生产率，节约企业的劳动生产成本；新产品增加了企业的市场销售收入，带来更多的盈利机会和能力，提高企业的持续竞争力和经营业绩。一般情况下，研发支出信息的披露之后，能够向外界传递即将向发展潜力较大项目投资的信号，说明企业具有良好发展前景，因此为投资者所看好，最终提高企业的市场价值。

但是，研发投入对企业价值创造的作用也会受企业外部环境的影响。国家政策是重要的外部环境之一。已有研究表明，政府的直接科技拨款和科技税收减免措施能够提高企业的研发投入和效果。但是，从目前我国产业政策实施特点来看，政府直接干预色彩较浓，主要是通过保护和扶持产业来实现政策目标，这种做法能够直接推动产业的增长和投资规模扩大（包括研发投入），特别是对幼稚产业或者处在发展初期的产业作用显著。但是由于以上产业本身风险较大，研发投入资金带来收益的不确定性会被进一步扩大。因此，对幼稚产业或者处在发展初期的产业研发投资的政策扶持可能反而造成企业费用增加，盈利下降，市场失败概率加大的结果。此外，政府指导下的产业政策制定实施也掺杂了不同利益集团的利益冲突，当产业进入成熟阶段之后，保护产业可能为相关获利者带来更多攫取私利的机会（顾昕，2013）。加之研发投入资金使用的透明度较低。因此，鼓励产业获得的研发资金被滥用的可能性较高。由上可以看出，政府产业政策支持资金如果被运用到研发项目上，并不能为市场看好，产业政策会降低研发投资的价值创造效应。但是，产业政策影响研发投入价值创造的作用同时受到公司内部治理特征的影响。这是因为，公司治理较差，内部代理冲突严重的企业，信息不对称问题更加突出，市场对此类企业更不看好。那么在此类企业中，产业政策对研发投入价值创造的负向作用会更加明显。相反，在代理冲突较低的企业，产业政策对研发投入价值创造的负向作

用并不显著。根据前文分析，总体上看，家族高涉入公司代理问题突出，而家族低涉入公司代理问题相对较轻，因此可以预期的是家族高涉入企业，产业政策支持与鼓励会显著降低研发投资的价值创造；而在家族低涉入的企业中，产业政策降低研发投资价值效应的影响会不明显。由上可以看出，本书提出假设6：家族高涉入公司中，产业政策的鼓励发展降低了公司研发投资的价值创造效率；家族低涉入公司中，产业政策的鼓励发展降低了公司研发投资的价值创造效率，但并不显著。

5.4 研究设计

5.4.1 数据来源与样本筛选

（1）研发投资数据的取得与整理

从财务问题的研究角度来看，本书研究的研发投资即为研发支出。本书主要通过查阅了上市公司年报来获取研发支出数据。在数据搜集中本书发现，研发支出数据主要在财务报表附注中的"无形资产——研发支出"及"支付的其他与经营活动有关的现金"中进行披露。由此，本书对上市公司以上两个项目的研发支出数据进行了归纳整理。在此基础上，本书运用研发支出除以主营业务收入计量了上市公司研发投资强度。研发投资是公司生产新的产品或技术的前提条件，研发投资能够加强竞争力，保证公司长期的生存。因而研发投资强度本身即能够表现为增加企业价值的效应。那么研发投资强度越高，研发投资效率越高。此外，我国新"无形资产准则"规定，企业自 2007 年起应披露"计入当期损益和确认为无形资产的研究开发支出金额"。为了保持数据分析的前后一致性，本研究使用的相关数据选自 2007 ~ 2012 年。

（2）家族企业样本的筛选与整理

根据前文家族企业定义，本书筛选了家族上市公司样本。在剔除创业板样本、B 股样本、境外法人与自然人持股样本、最终控制人持股和研究变量数据缺失样本后，本书获取 2007～2012 年家族上市公司样本总数为 3548 个。其次，本书根据上市公司年报、招股说明书、上市公告书以及百度等各大搜索网站信息，手工查找了家族上市公司最终控制人及其亲属（包括血亲、姻亲）在上市公司担任董事、高级经理和监事情况的数据。之后，根据上文标准本书将家族上市公司划分家族高涉入和家族低涉入公司两类。最终得到家族高涉入公司 1211 个样本，家族低涉入公司 2337 个样本。家族企业有关数据的搜集处理过程同前文，此处不再详细叙述。

表 5.1 提供了研究样本分布情况。表 5.1 - a 的 Panel A 是样本的年度分布，从中看出，我国家族上市公司数量逐年上升。表 5.1 - b 的 Panel B 是样本的行业分布。鉴于本书研究需要，制造业行业细分至两位代码。可以看出我国家族上市公司涉及农业、采掘业等全部 42 个行业（本书剔除了金融行业、合并了日用电子器具制造业和其他电子设备制造业、合并了煤气生产和供应业、自来水生产和供应业）。本书采用了普通最小二乘法运用混合面板数据进行回归。所有连续变量在 1% 和 99% 分位数处均进行了 Winsorized 处理。

表 5.1 - a 　　　　Panel A 各类家族上市公司样本数量的年度分布 　　　单位：家

	2007 年	2008 年	2009 年	2010 年	2011 年	2012 年	合计
高涉入样本	74	110	143	186	314	384	1211
低涉入样本	280	316	332	391	487	531	2337
总样本	354	426	475	577	801	917	3548

表 5.1 - b 　　　　　　　Panel B 家族上市公司样本的行业分布

行业代码	行业名称	全样本	高涉入	低涉入	行业代码	行业名称	全样本	高涉入	低涉入
A	农业	80	38	42	C67	有色金属冶炼及压延加工业	72	22	50
B	采掘业	42	15	27	C69	金属制品业	83	39	44

续表

行业代码	行业名称	全样本	高涉入	低涉入	行业代码	行业名称	全样本	高涉入	低涉入
C01	食品加工业	80	19	61	C71	普通机械制造业	113	73	40
C03	食品制造业	28	13	15	C73	专用设备制造业	153	65	88
C05	饮料制造业	38	9	29	C75	交通运输设备制造业	134	49	85
C11	纺织业	114	47	67	C76	电器机械及器材制造业	206	72	134
C13	服装及其他纤维制品制造业	67	34	33	C78	仪器仪表及文化、办公用机械制造业	40	10	30
C14	皮革、毛皮、羽绒及制品制造业	6	6	0	C81	医药制造业	225	66	159
C21	木材加工及竹、藤、棕、草制品业	23	17	6	C85	生物制品业	34	10	24
C25	家具制造业	14	2	12	C99	其他制造	62	35	27
C31	造纸及纸制品业	50	22	28	D01	电力、蒸汽、热水的生产和供应业	32	15	17
C35	印刷业	28	11	17	D0305	煤气生产和供应业自来水的生产和供应业	8	1	7
C37	文教体育用品制造业	23	20	3	E	建筑业	71	25	46
C41	石油加工及炼焦业	34	14	20	F	交通运输、仓储业	41	17	24
C43	化学原料及化学制品制造业	235	92	143	G	信息技术业	262	58	204
C47	化学纤维制造业	53	39	14	H	批发和零售贸易	183	36	147
C48	橡胶制造业	20	12	8	J	房地产业	254	83	171
C49	塑料制造业	70	21	49	K	社会服务业	76	23	53
C51	电子元器件制造业	146	51	95	L	传播与文化产业	16	2	14
C55 C57	日用电子器具及其他电子设备制造业	69	39	30	M	综合类	146	24	122
C61	非金属矿物制品业	101	31	70		合计	3548	1211	2337
C65	黑色金属冶炼及压延加工业	24	9	15					

注：行业标准依据证监会 2001 年度颁布的《上市公司行业分类指引》。

5.4.2　研究模型与变量描述

如前所述，研发投资效率具体指研发投资强度与研发投资价值创造。以下分别从两个方面构建模型，研究产业政策对家族企业代理冲突与研发投资效率关系的影响。

（1）检验假设 1 至假设 4 的研究模型

为了检验假设 1 至假设 4，借鉴安德森等（Andson et al.，2012）、施密德等（Schmid et al.，2014）的研究，本书构建模型如下：

$$RD_{i,t} = \alpha_0 + \alpha_1 Altruism_{i,t-1} + \alpha_2 OCEO_{i,t-1} + \alpha_3 DCEO_{i,t-1} + \alpha_4 Div_{i,t-1} + \alpha_5 IP_{i,t-1}$$
$$+ \alpha_6 Own_{i,t-1} + \alpha_7 CF_{i,t-1} + \alpha_8 Age_{i,t-1} + \alpha_9 Size_{i,t-1} + \alpha_{10} Lev_{i,t-1}$$
$$+ \psi' Year + \vartheta' IND + \tau_{i,t} \tag{5.1}$$

被解释变量为 RD 表示公司研发投资强度。解释变量包括影响家族代理问题的主要变量：家族利他主义、创始人任职 CEO（OCEO）、二代任职 CEO（DCEO）、家族超额控制（Div，具体使用家族大股东控制权与现金流权分离度来衡量）、家族涉入程度（IP）。此外，本书选择了家族所有权（OWN）、公司现金流（CF）、上市年龄（Age）、公司规模（Size）、负债水平（Lev）作为控制变量。本书也对年度（Year）和行业（IND）进行了控制。

（2）检验假 5 的研究模型

为了检验宏观产业政策对两类家族企业代理冲突和研发投资关系的影响，本书在模型 5.1 的基础上，加入产业政策变量 H，分高低涉入家族企业两组分别研究。H 等于 1 代表企业所属行业为国家"五年计划"中鼓励发展行业；H 等于 0，代表企业所属行业不属于国家"五年计划"规定的鼓励发展行业。

$$RD_{i,t} = \beta_0 + \beta_1 H_{i,t} + \beta_2 Altruism_{i,t-1} + \beta_3 OCEO_{i,t-1} + \beta_4 DCEO_{i,t-1} + \beta_5 Div_{i,t-1}$$
$$+ \beta_6 Own_{i,t-1} + \beta_7 CF_{i,t-1} + \beta_8 Age_{i,t-1} + \beta_9 Size_{i,t-1} + \beta_{10} Lev_{i,t-1}$$
$$+ \mu' Year + \rho' IND + \varepsilon_{i,t} \tag{5.2}$$

（3）检验假 6 的研究模型

为了检验假设 6，在以前研究（甄丽明等，2012；王明琳，2006）的基础上，本书构建模型如下：

$$Perf_{i,t} = \gamma_0 + \gamma_1 RD_{i,t-1} + \gamma_2 H_{i,t} + \gamma_3 H_{i,t} \times RD_{i,t-1} + \gamma_4 Altruism + \gamma_5 OCEO_{i,t-1}$$
$$+ \gamma_6 Div_{i,t-1} + \gamma_7 Own_{t-1} + \gamma_8 Size_{i,t-1} + \gamma_9 CF_{i,t-1} + \gamma_{10} Age_{i,t-1}$$
$$+ \gamma_{11} Lev_{i,t-1} + \xi' Year + \sigma' IND + \zeta_{i,t} \tag{5.3}$$

$Perf$ 是代表公司价值变量。本书分别使用 Tobin's Q（市场价值）和净资产收益率（账面价值）来衡量。其他变量的含义同上。

（4）变量定义

①研发投资。

研发即研究与开发，是英文 Research and Development 一词的直译，因此又可称为 R&D。联合国教科文组织（UNESCO）将研发活动界定为："R&D 是指在科学技术领域中，为增加知识，以及运用这些知识去创造新的应用而进行的系统性的、创造性的活动。包括基础研究、应用研究和试验发展三类科技研究活动。"我国国家统计局和科学技术部也对研发活动给出了类似定义，并把研发活动划分为基础研究、应用研究和试验发展三类。

鉴于本书的研究视角，本书将研发投资界定为企业的研发支出。研发支出是企业内部研究开发项目的支出，本书主要关注会计学对研发投资支出的界定。2006 年，我国财政部颁布了《企业会计准则第 6 号——无形资产》（以下简称《无形资产准则》），该准则将企业内部研究开发支出分为研究阶段支出与开发阶段支出，对研发支出的会计处理方法和信息披露进行了统一规定。原准则规定研发费用计入当期损益，一般将其纳入管理费用，对研发费用的披露没有统一要求，同时只有在研发成功时，才能将取得无形资产发生的注册费和律师费予以资本化。而新的《无形资产准则》第八条规定："企业内部研究开发项目研究阶段的支出，应当于发生时计入当期损益。企业内部研究开发项目开发阶段的支出，在同时满足：第一，完成该无形资产以使其能够使用或出售在技术上具有可行性；第二，具有完成该无形资产并使用或出售的意图；第三，无形资产产生经济利益的方式，包括能够证明运用该无形资产生产的产品存在市场或无形资产自身存在市场，无形资产将在内部使用的，应当证明其有用性；第四，有足够的技术、财务资源和其他资源支持，以完成该无形资产的开发，并有能力使用或出售该无形资产；第五，归属于该无形资产开发阶段的支出能够可靠地计量以上五个条件时可予以资本化，记入无形资产科目"。新"无形资产准则"还要求企业在附注中披露计入当期损益（管理费用）和确认为无形资产的研发费用支出。

②公司价值。

表示公司价值的变量 Perf 可以分为公司市场价值和公司会计账面价值两类。本书分别使用 Tobin's Q 和净资产收益率来衡量。其中 Tobin's Q（TQ）是市场－账面价值比率，代表证券市场对公司价值的估值，主要反映投资者对公司未来前景的预期，是对企业长期价值的有效反映。净资产收益率（ROE）是衡量企业盈利能力的财务指标，主要反映公司当前的价值。净资产收益率能够有效衡量企业业绩，是对企业的短期价值的直观反映。

③影响家族企业代理冲突的主要变量。

包括第一，家族利他主义。本书使用家族成员任高管人数占企业高管（包括董事、高级经理、监事）的比重来间接衡量利他主义程度。第二，创始人效应。本书选择创始人任职 CEO（OCEO）和二代任职 CEO（DCEO）进行对比分析研究。第三，家族超额控制（Div）。本书具体使用家族大股东控制权与现金流权分离度来衡量。第四，家族涉入程度（IP）。当家族企业满足高涉入家族企业定义时，IP 为 1，否则为家族低涉入企业，IP 为 0。

④产业政策变量。

本书使用虚拟变量 H 来具体反映产业政策的影响。参照陈东华等（2010）的研究，本书根据"十五计划"至"十二五规划"中的关键词，确定了产业政策明确鼓励行业。当公司所处行业为产业政策鼓励发展行业，H 取值为 1；否则为 0。

其他控制变量以及模型中使用的主要研究变量详细定义见表5.2。

表 5.2 变量定义

	符号	具体定义
被解释变量	RD	公司研发投资强度。用公司年末研发投资除以营业收入计算。
	TQ	公司市场价值，Tobin's Q。用（股权市值＋净债务市值）除以年末总资产计算。
	ROE	公司会计账面价值。即净资产收益率。用年末净利润除以净资产计算。
解释变量	Altruism	利他主义变量。用家族成员担任公司高管（包括公司董事、高级经理、监事）人数占公司高管总数的比例计算。
	OCEO	家族创始人担任总经理虚拟变量。是为1，否则为0。
	DCEO	家族二代（包括创始人的亲属和后代）担任总经理虚拟变量。是为1，否则为0。
	Div	家族超额控制变量。用家族控制权与现金流权的差计算。
	IP	家族涉入公司虚拟变量。同时符合控制权＞10%，并且至少有两位家族成员担任公司高管（包括董事长、总经理、董事、高级经理），为家族高涉入公司，取值为1，其他为家族低涉入公司，取值为0。
	H	产业政策虚拟变量。表示公司属于产业政策鼓励行业为1，否则为0。
控制变量	Own	终极所有权。控制家族全部持股成员对上市公司的现金流权之和。现金流权等于每条控制链上的现金流权之和。
	Size	公司规模。用公司总资产的自然对数计算。
	Age	公司年龄。即公司上市时间。
	CF	现金流量。用公司年末经营现金流表示。
	Lev	财务杠杆。用公司年末总负债除以总资产计算。
	Year	年度控制变量；以2004年为基准，共使用8个年度哑变量。
	IND	行业控制变量。按照证监会2001行业分类，其中制造业按照2位代码细分，日用电子器具制造业C55和其他电子设备制造业C57合并为一个行业；煤气生产和供应业D03和自来水的生产和供应业D05合并为一个行业；剔除金融行业后共42个行业。

注：产业政策变量的具体含义与上一章相同。

5.5 实证结果与分析

5.5.1 描述性统计与相关性分析

从全样本变量描述性统计的结果可以看出，家族高涉入企业的利他主义远

高于家族低涉入企业（T 值 52.56，1% 水平显著），这与两类企业的特征一
致。此外，高涉入家族企业创始人担任 CEO 的比例显著高于低涉入家族企业
（T 值 26.54，1% 水平显著）。以上说明利他主义和创始人效应深刻影响了高
涉入家族企业的代理问题。低涉入家族企业的控制权与现金流权分离程度显著
大于高涉入家族企业（T 值 -9.11，1% 水平显著），说明相对家族高涉入企
业，两权分离对家族低涉入企业的影响更加明显。

表 5.3　　　　　　　　　　　　主要变量的描述性统计

变量	家族公司总样本			高涉入公司样本			低涉入公司样本		
	高涉入	低涉入	T 值	鼓励行业	不鼓励行业	T 值	鼓励行业	不鼓励行业	T 值
RD	0.001	0.002	-2.01**	0.002	0.000	2.48**	0.002	0.001	2.31**
Altruism	0.191	0.051	52.56***	0.180	0.205	-5.00***	0.054	0.050	2.01**
OCEO	0.560	0.181	26.54***	0.496	0.571	-2.19**	0.216	0.164	2.61***
Div	0.059	0.084	-9.11***	0.077	0.087	-1.98**	0.076	0.090	-3.22***
Own	0.375	0.245	23.86***	0.370	0.371	-0.09	0.265	0.238	3.52***
TQ	1.810	2.141	-5.87***	2.089	1.866	2.52***	2.438	2.244	2.31**
ROE	0.101	0.092	1.47	0.070	0.067	1.03	0.088	0.083	0.96
CF	0.031	0.036	-1.57	0.039	0.042	-0.45	0.045	0.043	0.46
Size	21.180	20.880	7.24***	21.182	21.176	0.09	20.867	20.897	-0.58
Age	5.66	8.32	-12.26	5.81	5.462	0.97	8.051	8.683	-2.53**
Lev	0.432	0.564	-6.27***	0.424	0.344	1.89*	0.556	0.475	1.69*
N	1211	2337		654	557		1468	869	

　　注：上表中的各项值为均值；T 值比较的是各个变量均值在两组之间的差异；***、**、* 分别
表示双尾检验在 1%，5%，10% 水平上显著。

　　反映研发投资情况指标（RD）的 T 检验结果表明，家族高涉入组 R&D 投
资规模显著小于低涉入组（T 值 -2.01，5% 水平显著）。初步证实了假设 4 成
立。其他主要控制变量 T 检验的结果是，家族高涉入公司价值（TQ）显著低于
家族低涉入组（T 值 -5.87，1% 水平显著），家族高涉入公司规模显著大于家族

低涉入公司（T 值 7.24，1% 水平显著），但家族高涉入公司的上市年龄和负债比例显著低于家族低涉入公司（T 值 −12.26 和 −6.27，1% 水平显著）。

分家族高涉入样本组与家族低涉入样本组后，描述性统计的结果反映出，受产业政策鼓励公司的研发投资强度显著大于其他样本公司（T 值 2.48 和 2.31，5% 水平显著），初步证实了假设 5 成立。反映公司价值的指标 TQ 产业政策鼓励行业组显著大于不鼓励行业组（T 值 2.52 和 2.31，5% 水平显著），受产业政策鼓励公司的负债比例显著较高（T 值 1.89 和 1.69，10% 水平显著）。以上结果说明国家产业政策鼓励促进了公司研发投资，提高债务融资比例，提高了公司价值。

5.5.2　回归结果分析

在回归分之前，本书对构建模型中的变量进行了相关性检验。结果发现被解释变量和大部分解释变量之间存在显著的相关关系，并且解释变量与控制变量之间的关系也基本符合逻辑，自变量间的相关系数均小于 0.6，经多重共线性检验之后，VIF 值均小于 2.5，说明方程多重共线性的可能性较小。限于篇幅，本书未予报告。

（1）利他主义、代理冲突与高涉入家族企业研发投资

表 5.4 的结果反映的是家族公司代理冲突与研发投资强度关系的实证检验结果。表 5.4 第（1）列显示的是家族高涉入公司的检验结果。首先，从第（1）列可看出，家族高涉入公司组利他主义与公司研发投资强度 5% 水平上负相关（系数 −0.355，T 值 −2.10）。这说明利他主义导致高涉入公司研发投资强度降低。其次，创始人 CEO 和二代 CEO 在公司研发投资中发挥了不同作用。其中创始人 CEO 与研发投资强度在 10% 水平上显著负相关（系数 −0.045，T 值 −1.78），表明高涉入家族企业进入企业成熟阶段之后，创始人 CEO 开始实施守成战略，投资行为谨慎保守，降低了公司研发投资强度。这一结果与假设 2b 的前半部分相符。实证结果也表明，二代担任 CEO 没有对投资产生显著影响（系数 0.002，T 值 0.55），这一结果与假设 2b 后半部分不相

符。假设 2b 部分得到了证实。这一结果说明，目前我国家族高涉入企业中，二代 CEO 并未较多参与和关注公司研发投资。

（2）控制权与现金流权分离度与低涉入家族企业研发投资

表 5.4 中第（3）列显示的是家族低涉入下，代理冲突对企业研发投资影响的检验结果。在家族低涉入公司组中，现金流权与控制权分离度与公司 R&D 投资强度在 5% 水平上显著负相关（系数 -0.117，T 值 -2.07），说明家族股东超额控制减弱了公司研发投资强度。这体现出两权分离越大，家族大股东的投资视野越狭窄，越难以进行风险大、收益不确定的研发项目投资。以上结果证实了假设 3 成立。

（3）家族涉入程度与家族企业研发投资

表 5.4 第（5）栏反映了家族涉入程度对上市公司研发投资强度的影响。结果表明相比家族低涉入公司，高涉入公司在 5% 水平上显著降低了 R&D 投资强度（回归系数为 -0.001，T 值为 -2.46）。这说明，在当前历史阶段和制度背景下，相比家族低涉入企业，我国家族高涉入企业内部矛盾冲突更加突出，总体上投资短视较为严重，阻碍了企业研发投资。以上结果证实了假设 4 成立。

（4）产业政策、家族涉入程度与公司投资强度

表 5.4 第（2）、第（4）、第（6）栏分别反映了产业政策对家族高涉入、家族低涉入和全部家族企业研发投资强度的影响。可以看出，产业政策显著提高了家族上市公司投资研发投资强度（回归系数为 0.011/0.013/0.132，T 值为 1.96/2.13/2.26，均在 5% 水平通过了显著性检验）。这一方面说明，我国产业政策能够起到引导资金投至鼓励行业，改善企业外部融资环境的作用，从而增强了企业进行研发投资强度。另一方面也说明，我国产业政策具有比较显著的倾斜技术创新作用，带动引导了企业研发投资。总之，假设 5 得到证实。

表 5.4 　　　　产业政策、两类家族企业代理冲突与公司研发投资强度

RD	高涉入		低涉入		全样本	
	（1）	（2）	（3）	（4）	（5）	（6）
Inter	−1.807 （−14.16）	−1.554 （−13.22）	4.468*** （14.71）	4.786*** （14.99）	0.009*** （2.61）	0.010*** （2.82）
Altruism	−0.355** （−2.10）	−0.654*** （−2.86）	−0.007 （−0.76）	−0.107 （−0.21）	−0.017 （−1.08）	−0.025 （−1.13）
OCEO	−0.045* （−1.78）	−0.074** （−1.98）	−0.012 （−1.05）	−0.009 （−0.95）	−0.022 （−1.21）	−0.038 （−1.28）
DCEO	0.002 （0.55）	0.0103 （1.02）	0.006 （0.31）	0.005 （0.43）	0.013 （0.34）	0.021 （0.56）
Div	−0.072 （−0.52）	−0.087 （−0.44）	−0.117** （−2.07）	−0.154** （−2.43）	−0.103* （−1.76）	−0.112* （−1.83）
IP					−0.001** （−2.46）	−0.003** （−1.98）
H		0.011** （1.96）		0.013** （2.13）		0.132** （2.26）
Own	0.129* （1.86）	0.129 （1.55）	0.005 （0.09）	0.024 （0.76）	0.031* （1.78）	0.143* （1.66）
CF	0.237** （2.10）	0.432** （2.77）	0.041 （0.04）	0.212 （0.33）	0.021 （0.11）	0.011 （0.10）
Age	−0.001* （−1.80）	−0.013* （−1.94）	−0.004** （−2.52）	−0.007** （−2.22）	−0.001*** （−3.29）	−0.001*** （−2.80）
Size	−0.001** （−1.99）	−0.001* （−1.82）	−0.002* （−1.68）	−0.001* （−1.77）	−0.005* （−1.76）	−0.004** （−2.07）
Lev	−0.088** （−2.34）	−0.109** （−2.05）	−0.042*** （−3.26）	−0.076*** （−3.44）	−0.061*** （−4.10）	−0.022*** （−4.07）
Year	Control	Control	Control	Control	Control	Control
N	1211	1211	2337	2337	3548	3548
Adj − R²	0.062	0.051	0.183	0.155	0.269	0.241

注：*、**、***依次代表在10%、5%、1%水平上显著。括弧内为T值。

（5）产业政策、家族涉入程度与公司研发投资的价值创造效率

表5.5、表5.6是检验家族企业研发投资价值创造效率以及产业政策对家族企业研发投资价值创造效率影响的回归结果。表中分家族高涉入和家族低涉入公司进行了比较。

表5.5反映的是家族企业产业政策对两类家族企业研发投资价值创造效率（Tobin's Q为代表）的影响。首先，表中第（1）栏至第（4）的检验结果均表明，企业研发投资能够提高公司价值（各方程RD项目的系数均大于0，且在1%水平通过显著性检验）。其次，产业政策影响的回归结果反映出：产业政策降低了家族企业研发投资的价值创造效率。在高涉入公司中，产业政策在5%水平上显著降低了研发投资价值创造效率（交乘项H×RD的回归系数为 −9.005，T值为 −2.31）；在家族低涉入公司中，产业政策降低了研发投资价值创造效率，但并不显著（交乘项H×RD的回归系数为 −12.411，T值为 −0.91）。以上说明产业政策引导的资金流向研发投资最终未能增加家族企业价值，并且在内部代理冲突比较严重的高涉入家族企业中，这一现象更加突出。由此，假设6被证实。

表5.6反映的是家族企业产业政策对两类家族企业研发投资价值创造效率（净资产收益率为代表）的影响。首先，从结果看出，从全部家族企业和高涉入与低涉入家族企业来看，家族企业研发投资均并没有显著影响公司的净资产收益率（RD指标系数均未通过显著性检验）。在家族低涉入企业中，研发投资甚至产生了反向作用，降低了净资产收益率。其次，在家族高涉入和家族低涉入企业中，产业政策均降低了家族公司研发投资价值创造效率，但并不显著（交乘项H×RD系数为负，但均未通过显著性检验）。由此，假设6未被证实。

以上结论意味着，对不同的价值衡量指标，研发投资的价值创造效率表现出差异。其原因是，两类价值指标特征和R&D投资的高风险性导致了结果差异。净资产收益率反映了企业在一个经营期间，通常是一年内的短期盈利情况。研发投资具有投资回收期长，风险大的特征，很可能出现资金流出之后在较长时间内无法获得回报。因此，在较短期间内，研发支出将导致企业费用增加，但收入并未相应增加的情况，那么受其影响，企业净资产收益率指标很可能不会随着研发投资支出而提高。但是，Tobin's Q 指标反映的是市场对企业的评价。研发投资会给市场传递企业未来长期发展看好的信号，因而能够产生提高股价，增加公司市场价值，提高研发投资价值创造效率的结果。

表 5.5　　　　　　　　产业政策，家族涉入与研发投资价值创造（TQ）

TQ	家族高涉入组		家族低涉入组	
	（1）	（2）	（3）	（4）
Intercept	10. 739 *** （11. 51）	10. 616 *** （11. 42）	15. 966 *** （13. 54）	15. 517 *** （14. 83）
RD	14. 197 *** （2. 92）	15. 378 *** （3. 02）	10. 298 *** （2. 87）	18. 961 *** （2. 95）
H		0. 25 ** （2. 08）		0. 365 ** （1. 98）
H × RD		− 9. 005 ** （− 2. 31）		− 12. 411 （− 0. 91）
Altruism	− 0. 211 ** （− 2. 07）	− 0. 305 ** （− 1. 96）	− 0. 121 （− 0. 88）	− 0. 144 （− 0. 79）
OCEO	0. 153 * （1. 84）	0. 169 ** （2. 16）	0. 255 * （1. 74）	0. 59 * （1. 67）
Div	0. 198 （0. 37）	0. 289 （0. 55）	− 1. 226 *** （− 2. 65）	− 0. 092 * （− 1. 74）
Own	− 0. 208 （− 0. 76）	− 0. 178 （− 0. 65）	− 0. 467 * （− 1. 75）	− 0. 59 * （− 1. 67）
Size	− 0. 462 *** （− 10. 66）	− 0. 463 *** （− 10. 77）	− 0. 645 *** （− 17. 91）	− 0. 699 *** （− 14. 77）
CF	2. 406 *** （5. 71）	2. 313 *** （5. 45）	1. 918 *** （5. 51）	1. 449 *** （2. 76）
Age	0. 05 *** （5. 89）	0. 045 *** （4. 71）	0. 041 *** （5. 55）	0. 045 *** （3. 91）
Lev	0. 586 *** （4. 38）	0. 559 *** （4. 16）	0. 381 *** （6. 21）	0. 219 *** （2. 84）

续表

TQ	家族高涉入组		家族低涉入组	
	(1)	(2)	(3)	(4)
Year	Control	Control	Control	Control
IND	Control	Control	Control	Control
Adj – R^2	0.352	0.356	0.445	0.446
N	1211	1211	2337	2337

注：*、**、*** 依次代表在 10%、5%、1% 水平上显著，括弧内为 T 值。

表 5.6   产业政策，家族涉入与 R&D 价值创造（ROE）

ROE	家族高涉入组		家族低涉入组	
	(1)	(2)	(3)	(4)
Intercept	-0.468 *** (-4.07)	-0.469 *** (-4.08)	-0.528 *** (-4.46)	-0.522 *** (-4.41)
RD	-0.074 (-0.12)	-0.387 (-0.34)	0.038 (0.07)	0.717 (0.78)
H		0.011 (0.93)		0.024 (0.13)
H × RD		-0.422 (-0.32)		-0.941 (-0.90)
Altruism	-0.211 ** (-2.07)	-0.305 ** (-1.96)	-0.121 (-0.88)	-0.144 (-0.79)
OCEO	0.005 * (1.65)	0.013 * (1.74)	-0.007 (-0.59)	-0.009 (-0.72)
DCEO	-0.043 (-0.78)	-0.022 (-1.01)	0.059 (0.53)	-0.033 (-0.36)
Div	0.102 (0.74)	0.103 (0.75)	-0.106 * (-1.95)	-0.111 ** (-2.04)
Own	0.082 (1.34)	0.071 (1.25)	0.019 (1.09)	0.021 (1.15)
Size	0.015 *** (2.86)	0.015 *** (2.88)	0.026 *** (4.62)	0.026 *** (4.56)

ROE	家族高涉入组		家族低涉入组	
	(1)	(2)	(3)	(4)
CF	0.277 *** (6.30)	0.277 *** (6.29)	0.312 *** (6.62)	0.310 *** (6.58)
Age	0.001 (0.59)	0.001 (0.60)	−0.001 (−0.28)	−0.001 (−0.25)
Lev	0.011 (0.47)	0.011 (0.45)	−0.076 *** (−2.73)	−0.076 *** (−2.75)
Year	Control	Control	Control	Control
Adj − R^2	0.180	0.181	0.134	0.138
N	1211	1211	2337	2337

注：* 、** 、*** 依次代表在 10%、5%、1% 水平上显著，括弧内为 T 值。

5.6 稳健性检验

首先，本书对文中使用的主要变量改变定义和计算，进行重新回归。对 Tobin's Q 指标使用行业调整 Tobin's Q；研发支出指标运用研发支出除以总资产；利他主义指标采用家族成员担任公司董事、高级经理人数占公司董事、高级经理总数的比例计算；家族超额控制指标采用了家族控制权除以现金流权计算；家族创始人效应指标采用创始人担任董事长。采用了以上定义重新回归之后，研究结果未发生实质性改变。其次，本书增加了控制变量，引入市场化进程等控制变量。最后，剔除研发投资强度 1% 分位极端值。在进行以上处理之后，研究结论未发生实质性变化。

5.7 本章小结

本章在研究高低涉入家族公司不同代理问题的基础上，从影响家族企业

R&D 投资的两个基本因素：风险规避和长期投资视域出发展开研究。首先分别研究了利他主义、创始人效应以及控制权与现金流权分离对高低涉入两类家族公司 R&D 投资强度影响。其次比较了两类家族企业研发投资强度差异。更进一步，结合我国特殊的制度背景，本书研究了企业外部国家产业政策与家族企业涉入程度如何对上市公司研发投资强度产生交互影响。研究认为，高涉入公司由于家族多人介入，利他主义和创始人效应深刻影响了公司研发投资强度以及研发投资价值创造。在公司上市融资阶段，家族成员的高度介入会使利他主义的负面效果明显，加剧了家族股东的风险规避意识，公司投资视野变窄，从而降低了研发投资强度。在此阶段，创始人 CEO 风险规避意识较强，也造成研发投资强度降低的结果。此外，在家族低涉入公司，控制权与现金流权分离越高，家族控制人越倾向短视投资，公司研发投资强度越低。总体上看，家族高涉入公司的研发投资强度较小；国家产业政策鼓励放松了家族企业融资环境，给家族企业带来更多资金，但却降低了家族企业研发投资的价值创造，并且对家族高涉入的影响更为显著。

本章研究给予我们的启示是，提高家族研发投资强度可以从几个方面同时进行。第一是优化家族企业内部治理，减少家族涉入企业的程度；第二是加强市场监管，抑制大股东金字塔控股可能带来的转移企业资源，降低资源配置效率的行为；第三是改善家族企业政策环境，提高产业政策实施效果，也对增加企业研发投资的有着重要意义。那么如何针对不同类型企业，引导家族企业的资金投向和使用效率将是下一步需要深入研究的问题。

6

产业政策、代理冲突与家族
企业债务融资效率

6.1 引　言

自 20 世纪 70～80 年代起，延森和米克林（Jensen and Meckling，1976）等一批学者拓展了资本结构研究。这类研究主要关注不完美市场下，委托代理关系如何影响公司融资决策。自此之后，公司融资问题的相关研究得到了拓展。但是迄今为止，有关公司所有权结构与公司融资政策以及延伸至融资效率的研究尚未获得足够的实证证据，特别是在创始人大股东及其家族影响公司融资决策，进而影响公司价值的研究，尚未达成一致的研究结论。

另一方面，从整个世界范围内来看，公司创始人及其家族已经控制了全球大多数企业。例如，美国家族持股公司非常普遍，甚至在大型公众交易的公司中家族控股也很常见。例如，标准普尔 500 强公司中，创始人控制公司数量就占据了三分之一以上。创始人在这些家族控股公司中的持股年限平均为 78 年，平均持股比例高达 18%（Anderson and Reeb，2003a）。我国家族企业近年来的发展势头也非常迅猛，就家族上市公司而言，截至 2012 年，沪深两市 A 股上市公司中，有982家上市公司终极控制人可以追溯至自然人，占整个上市公司总量的50.4%（根据SMAR数据库整理）。当前，家族企业已成为国民经济一支不可忽视的力量。

传统经济学将政府管制和政策等重要制度因素都假设给定不变的，因此在研究公司财务问题时学者也很少去考虑政府干预问题。但是新政治经济学认为制度作为一个重要因素能够改变微观经济体的偏好从而改变其行为，由此延伸的相关研究已经逐渐展开。产业政策是一种国家干预的重要手段，近年来关于产业政策对微观企业行为产生影响的问题已经开始引起学者注意。我国学者陈东华、李真和新夫（2010）研究发现，国家宏观产业政策鼓励行业的公司拥有更多的外部融资机会（包括银行贷款和发行股票筹资等机会）和较低的融资成本。但文中并未针对民营企业（家族企业的来源）的融资影响进行专门分析。

综上所述，家族企业研究特别是关于家族大股东对公司融资行为影响研究的相对匮乏与当前家族企业的蓬勃发展势头产生了差距，这对家族企业的持续健康成长产生了一定的阻碍。因此相关研究有待进一步深化。

本书以2004~2012年我国A股市场上市家族公司为研究样本，考察了家族涉入对股东与债权人之间代理问题影响，以及不同类型的家族企业代理问题映射至负债融资效率的特征。结果发现相比家族低涉入企业，家族高涉入债务融资效率较低。进一步，研究发现国家产业政策的鼓励支持改善了融资环境，给家族企业带来更多资金，但对不同企业产生了差异性的效果。产业政策降低了家族高涉入公司负债融资效率，提高了家族低涉入公司的负债融资效率。

本书可能的贡献在于：第一，将家族企业划分为家族高低涉入公司，细致研究两类家族公司的代理问题特征。深入分析了利他主义、创始人效应对家族高涉入企业家族大股东与债权人之间代理问题及负债融资效率影响，同时研究了控制权与现金流权分离对家族低涉入企业第三重代理问题及负债融资效率影响；并从整体上比较了不同家族涉入程度的两类企业代理冲突的差异和负债融资效率；为改善家族企业公司治理，提高家族公司资源配置效率从理论上探讨了可操作性的路径。第二，当前理论界关于产业政策对经济实体影响的研究主要是集中在宏观（国家）和中观（行业）领域，本书通过研究政府干预如何进一步影响两类家族企业的负债融资效率，深入检验微观层面不同治理特征和代理问题的公司个体对于产业政策的反应，为产业政策影响企业决策的宏观经济理论，提供来自公司层面的微观证据。

总之，本书的研究丰富了家族企业融资理论研究，也为解决家族企业"孰是孰非"之争找到突破口，同时也为优化家族企业公司治理结构，实现家族企业健康发展探索可操作的具体路径。进一步，本书研究又为检验政府产业政策的实施效果，改进产业政策制定与实施提供可操作性的政策建议。

6.2   进一步的文献回顾

6.2.1   负债融资与公司价值

西方国家财务学理论指出，负债融资是公司主要融资方式之一，能够制约公司内部人的机会主义行为，提高公司价值。延森和米克林（1976）开创性地提出，伴随债务资金比例地提高，公司股权资金比例下降，经理持股比例上升，机会主义行为的成本增加，因此债务融资可以减少代理成本，提高公司价值。延森（1986）还提出，债务利息减少了公司自由现金流，使经理的可支配的现金流降低，因而约束经理进行非效率投资，最终提高公司绩效。哈里斯和拉维夫（Harris and Raviv，1991）的研究反映出增加负债会使企业破产的可能性变大，能够激励经理努力工作，减少偷懒和在职消费的问题。因为企业破产会使经理人员丧失对企业控制权，同时导致经理声誉下降，影响经理的再就业前景。在此压力下，会迫使企业经理努力提高公司的绩效。但是，国内学者对负债融资是否能够在我国企业中改善治理，提升企业价值的研究结论并不统一。一些研究认为我国企业负债融资比例能够提高与公司业绩和公司价值。汪辉（2003）、范从来和叶宗伟（2004）研究均发现我国上市公司负债融资总体上能够增加企业价值。李世辉和雷新途（2008）提出我国公司流动负债不具有显著提高公司业绩、降低代理成本的积极作用，但长期负债产生了显著作用。另一类观点则认为负债融资比例与公司业绩和公司价值之间关系并不显著或者呈负相关关系。于东智（2003）则认为债务在中国上市公司中并未显著发挥其治理效应，债务比率与公司业绩之间为显著负相关关系。王满四（2005）提出中国的上市公司负债融资弱化了或者说恶化了公司治理，降低企业价值。张兆国等（2008）和廖义刚等（2009）也提出了类似论断。

6.2.2 负债融资效率及影响因素

随着研究的丰富和深化，学者研究提出影响公司负债融资效率的因素是多重的，企业内外部治理特征以及治理环境都会对负债融资效率产生不同程度的影响。杰亚提和苏布拉塔（Jayati and Subrata，2008）以印度制造业上市公司为样本，研究了负债比例与 Tobin's Q 值之间的关系。研究认为在以市场为中心的制度变革时期，负债与公司价值之间关系表现出一定的规律性。亚依叶沙、尼古拉耶夫和王（Aiyesha，Nikolaev and Wang，2009）研究发现，双重持股股权结构能够促进公司负债发挥治理作用。查尔斯等（Charles et al.，2009）研究表明，金融市场变化会影响公司资本结构以及负债的治理效率。萨拉和罗比乔克斯（Sara and Robicheaux，2008）研究认为，公司治理较好的公司，倾向于选择租赁融资。而租赁融资方式下，债权人和股东之间的代理成本较低，因而对企业价值的增进具有一定好处。

我国学者吕长江、王克敏（2002）研究提出，处于成长阶段的绩优公司能够有效促进负债资金发挥优化公司治理提高公司价值的作用，负债比率与公司业绩正相关。唐松、杨勇和孙铮（2009）研究发现，公司负债资金与公司价值之间的正相关关系只在地区金融发展水平较高的地区存在，并且金融发展水平越高，债务资金对公司价值的提升作用越明显。杜宏宇（2010）研究表明，上市公司负债融资水平与公司业绩（EPS）呈负相关，但是在公司控制人性质、债务期限结构等因素的影响下，负债融资水平与公司价值（Tobin's Q）之间呈现出正相关关系。连军和刘星（2011）认为政治联系为民营企业带来的银行资金是有效率的资源配置，促进了企业价值的提升。姜付秀和黄继承（2011）研究发现，经理薪酬契约和债务契约均能够产生减轻股东与经理之间的代理冲突，提高公司价值的作用，两者之间起到相互替代，共同作用与提高公司价值。赵玉珍等（2011）也提出，外部债务资金改善公司治理，提升企业价值的作用具有一定的条件，与公司内部治理之间存在一定关系。

6.3 理论分析与假设检验

6.3.1 家族企业的异质性与负债融资效率

（1）家族企业的异质性

如前面章节所分析，我国家族企业由于家族涉入程度不同，其治理特征、代理问题和行为后果均存在显著差异。这很好地解释了为何同是家族企业研究，却会得出迥然不同的结论（Schulze et al.，2001，王明琳等，2010）。本章首先对家族涉入内涵进行了清晰界定，然后将家族企业细致分类为高涉入家族企业和低涉入家族企业，在此基础上展开深入研究。

家族涉入是指家族从文化理念、人际关系，组织权力等多方面涉入企业活动。本书主要从正式组织权力角度界定家族涉入。本书按照家族涉入公司的程度，将家族上市公司分为高涉入家族公司与低涉入家族公司。所谓家族高涉入公司主要是指家族掌握了集中控制权，并有两位以上的家族成员介入公司经营管理活动，包括担任董事、监事或高级经理；所谓低涉入家族公司是指公司实际控制人的家族成员不会在企业决策管理层（包括董事会，监事会和高级经理层）任职以及家族控制水平较低的家族公司。

（2）家族企业负债融资效率

在西方国家成熟的市场经济下，研究普遍认为负债融资资金具有约束公司内部人利益侵占，优化公司治理，提高公司价值的作用。原因主要为负债具有抵税效应，减少自由现金流，约束经理的自利动机，降低代理冲突从而增加企业价值。债务契约能够充分发挥其治理效应，实质上反映出企业有效地配置了债务资金，即负债融资效率较高。关于负债资金能否发挥其治理效应在国内学术界存在较多争议，正如上文文献回顾中提到的，一些学者认为债务契约能够发挥出公司治理效应。债权人作为企业的大型投资者，能够充分发挥专家式监督，约束经理行为，缓解股东与经理之间的代理冲突。另外，也有观点认为在我国债务的治理作用被扭曲。面对分歧，随之研究的发展深入，我国学者逐渐认识到负债资金是否能够发挥其约束公司内部人谋取私利提升企业价值作用，存在一定的约束条件，在不同的前提下，企业负债融资资金最终表现出具有较高的治理效率或者是没有显著的治理效率甚至带来负面作用。已有研究表明产权性质、股权结构、高管薪酬、公司内部治理质量、产品市场竞争等公司治理特征与政治联系、金融发展水平等外部环境因素对企业债务融资效率均会产生显著影响。

在我国产权性质对企业融资行为产生重要影响。由于产权关系不够清晰，国有企业对经理层的约束力以及资本市场的对国有企业的治理效应均弱于非国有企业。加上国有企业和国有大银行之间的先天联系，预算软约束现象严重，贷款坏账问题突出。因此，负债资金很难真正地起到约束和监督企业内部人的作用。而非国有企业（家族企业）产权关系比较关系清晰。关闭国有性质保护伞之后，银行的贷款行为更多地从自身当前经济利益来考量，因此银行对家族企业能够实施预算硬约束。即银行能够主动实施监督活动，约束家族企业内部人侵占外部债权人利益，充分发挥债务契约地治理效应，因此家族企业债务融资具有效率。由上本书提出假设1：家族企业负债资金能够发挥改善企业治理，提升企业价值的作用，即家族企业具有一定的负债融资效率。

6.3.2 利他主义、创始人效应与家族高涉入企业负债融资效率

总体上看，我国家族企业负债融资能够充分发挥其优化公司治理、提高公司价值的作用。但是，家族涉入程度的不同，企业内部治理特征和代理问题可能迥异，因而导致公司负债融资效率表现出较大的差异性。

公司债务治理效应，即负债融资的契约治理效率首先体现在对管理者（经理）的激励和约束作用。负债融资能够增加经理持股相对份额，激发经理的积极性，同时，债务契约也会强制性约束经理的机会主义行为。当企业违约或资不抵债面临破产清算时，管理者会失去控制权甚至失业，这促使经理努力工作，从而降低股东与经理之间的第一重代理成本，提高公司价值。但是，公司负债融资效率的发挥是建立在股东与经理之间存在着传统委托代理关系基础之上。在家族高涉入公司中，家族成员高度涉入企业的经营管理，家族内部利他主义对股东与经理之间的代理冲突产生了重要影响，进而严重影响了负债资金治理效应的发挥。家族公司进入上市融资阶段之后，进入公司的成长成熟期，公司规模扩大和经营活动日趋复杂，此时家族内部利他主义负面相应显著。家族股东和家族经理之间由于代际传承、家族内讧等问题而矛盾重重，削弱了负债降低第一重代理问题的效果。加上由于家族股东和家族经理由亲情纽带产生的不对称利他，使得负债资金对经理激励和约束作用在一定程度上受到阻碍，也使得负债资金提高公司价值的作用也相应减弱。

另一方面，与其他企业不同，家族企业是非正式契约与正式契约的联合体，家族创始人由于其独特的人格魅力和多年累积的关系资源，无形中成为一种降低股东与经理之间代理冲突引领家族企业高效运行的非正式契约。家族创始人在家族企业特别是在受家族内部治理影响较大的家族高涉入企业中发挥着显著作用，也会深入影响债务融资效率。当家族企业进入上市融资阶段之后，创始人 CEO 承担了更多家族兴衰责任，艰苦的财富积累过程使得创始人运用资金更加谨慎，具有更加强烈的风险规避意识，对负债融资风险的考量更多。那么，一旦融入债务资金，还本付息压力增加，会促使企业加强资金周转，降低资金使用费，进一步提高了债务资金的使用效率，因而债务资金能够较大程度地提高公司价值。比较而言，二代 CEO 缺少创始人独有的契约效应，进入企业规模扩张，利润增加的上市融资阶段之后，反而会由于搭便车、自身能力不足等问题增加了股东与经理之间的代理问题，进而影响了负债治理功效的发挥，导致企业融资效率下降。综合上述分析，本书提出假设2：家族高涉入公司中，随利他主义程度加深，负债融资效率降低；创始人担任 CEO 显著提高负债融资效率，而二代 CEO 提高负债融资效率不明显。

6.3.3　家族超额控制与家族低涉入企业负债融资效率

多数情况下家族低涉入公司中，仅由实际控制人一人真正介入公司经营（控股，担任董事、监事或者高级经理），因而家族低涉入公司几乎不会涉及由家族内部利他主义引起的搭便车、家族权利跨代交接等特殊问题（王明琳等，2010）。同时，公司控制人家族低度介入企业，也会降低家族将企业视为长期传承财富的可能性，此时金字塔控股更可能成为家族大股东转移上市公司资金，谋取控制权私利的主要途径。可以预期，金字塔结构越复杂，家族控制权与现金流权的分离程度越大，家族大股东掏空的意识就越强烈，掠夺外部投资人（本章主要指债权人）的可能性也越大。

同时，在外部市场环境不完善的情况下，债务资金反而给家族股东掏空企业的"隧道行为"带来便利。在低涉入家族企业，实际控制人保持控制权的手段主要是通过持股进行，为了用尽可能少的资本控制更多的资源，同时又保证自身股权不被稀释，最好的方法就是增加债务比率。此时，金字塔结构越复杂，两权分离程度越大，越能够实现以最小的持股达到尽可能大的控制目标。因此，两权分离程度越大，进一步加剧了大股东转移和滥用债务资金的可能性，降低了企业价值，降低负债融资效率。综合上述分析，本书提出假设3：家族低涉入公司中，家族终极控制权和所有权的分离程度越大，公司负债融资效率越低。

6.3.4　产业政策、家族涉入程度与企业负债融资效率

家族涉入程度不同的公司，内部代理问题存在差异，进而也影响了债务治理效应的发挥。如前文所分析，家族高涉入公司中，虽然家族创始人减轻了代理冲突，但是家族内部利他主义加剧了股东与经理之间的代理冲突，总体上面临比较严重的第一重代理问题。家族低涉入公司中，控制权与现金流权的分离是影响代理问题的主要因素，加剧了家族企业的第二重代理问题。总体来看，在我国当前制度背景和家族企业所处的特定阶段，家族低涉入企业的代理问题

比较严重。因此，总的来看，相比家族低涉入企业，家族高涉入企业负债治理效应的发挥受到较多的阻碍，负债融资效率较低。由上可以看出，本书提出假设4：相比家族低涉入公司，家族高涉入公司负债融资效率较低。

我国产业政策属于"选择性产业政策"，政策实施更多的是对产业内特定企业、特定产品、特定技术的选择性扶持以及对产业组织形态的调控，表现出强烈的直接干预市场的特征（江飞涛，2010），由此产业政策实施会偏离市场逐利规律。企业受到产业政策鼓励所获取借款资金可能并不能带来提升企业价值的效果，反而会降低高涉入家族企业债务融资效率。因此，总体上看，产业政策降低了家族企业负债融资效率。另一方面，家族高低涉入企业内部治理特征和代理问题存在的差异，会导致公司对外部政府产业政策干预的反应不同。目前我国家族企业处于交接换代、家族内部治理矛盾集中爆发的时期，家族高涉入公司中利他主义导致的股东与经理之间的代理问题十分突出，进一步加深了家族股东与外部债权人之间的代理冲突，使得债务资金改善公司治理，提高企业的价值的作用也被削弱。另一方面，在低涉入家族公司中，虽然面对家族股东构筑金字塔结构来转移借款资金谋取私利的行为，但在目前特殊的家族企业发展阶段，相对家族高涉入公司的代理冲突程度较轻，同时，产业政策强烈的直接干预特征，使得债权人比较关注借款资金的走向和使用效率，减少了大股东利用金字塔转移资金的机会。那么，产业政策鼓励与支持会提高家族低涉入企业的负债融资效率。由上可以看出，本书提出假设5：对家族高涉入公司，产业政策鼓励降低了负债融资效率；对家族低涉入公司，产业政策鼓励能够提高负债融资效率。

6.4 研究设计

6.4.1 数据来源与样本筛选

本书选取2004～2012年在上海证券交易所和深圳证券交易所上市的所有非金融行业上市公司作为初始样本。样本期间之所以从2004年开始，是基于以下考虑：证监会 2004 年起开始强制要求上市公司年报中披露最终控制人，因而从 2004 年发布的上市公司年报中可比较准确地确认公司的最终控制人性质，界定家族上市公司。根据 CSMAR 数据库数据，在剔除创业板样本、B 股样本、境外法人与自然人持股样本、最终控制人持股和本章使用的研究变量数据缺失样本后（样本剔除具体原因见前面章节），本章获取家族上市公司样本总数为 4739 家。其次，本书根据上市公司年报、招股说明书、上市公告书以及百度、谷歌等各大搜索网站信息，手工查找了家族上市公司最终控制人及其亲属（包括血亲、姻亲）在上市公司担任董事、高级经理和监事情况的数据（具体查找过程见前面章节）。在分类整理后最终得到家族高涉入样本 1622 家，家族低涉入公司样本 3117 家。

表 6.1 提供了样本分布情况。Panel A 是样本的年度分布，从中看出，我国家族上市公司数量逐年上升。Panel B 是样本的行业分布。鉴于本书研究需要，制造业行业细分至两位代码。可以看出我国家族上市公司涉及农业、采掘业等全部 42 个行业（本书剔除了金融行业，合并了日用电子器具制造业和其他电子设备制造业，合并了煤气生产和供应业、自来水生产和供应业）。

本章所有连续变量在 1% 和 99% 分位数处均进行了 winsorized 处理。

表 6.1 – a **Panel A 各类家族上市公司样本的年度分布** 单位：家

	2004 年	2005 年	2006 年	2007 年	2008 年	2009 年	2010 年	2011 年	2012 年	合计
高涉入样本	54	67	75	104	149	161	259	349	404	1622
低涉入样本	218	221	267	289	337	348	408	507	542	3117
总样本	272	288	323	393	486	509	666	856	946	4739

表 6.1 – b **Panel B 各类家族上市公司样本数量的行业分布**

行业代码	行业名称	全样本	高涉入	低涉入	行业代码	行业名称	全样本	高涉入	低涉入
A	农业	99	50	49	C67	有色金属冶炼及压延加工业	91	25	66

续表

行业代码	行业名称	全样本	高涉入	低涉入	行业代码	行业名称	全样本	高涉入	低涉入
B	采掘业	32	3	29	C69	金属制品业	121	61	60
C01	食品加工业	106	22	84	C71	普通机械制造业	136	43	93
C03	食品制造业	32	13	19	C73	专用设备制造业	203	88	115
C05	饮料制造业	54	12	42	C75	交通运输设备制造业	179	69	110
C11	纺织业	155	66	89	C76	电器机械及器材制造业	298	105	193
C13	服装及其他纤维制品制造业	100	57	43	C78	仪器仪表及文化、办公用机械制造业	54	8	46
C14	皮革、毛皮、羽绒及制品制造业	14	12	2	C81	医药制造业	336	101	235
C21	木材加工及竹、藤、棕、草制品业	28	23	5	C85	生物制品业	49	12	37
C25	家具制造业	22	14	8	C99	其他制造	84	44	40
C31	造纸及纸制品业	64	30	34	D01	电力、蒸汽、热水的生产和供应业	19	12	7
C35	印刷业	34	12	22	D03 D05	煤气生产和供应业自来水的生产和供应业	9	2	7
C37	文教体育用品制造业	26	25	1	E	建筑业	105	41	64
C41	石油加工及炼焦业	49	23	26	F	交通运输、仓储业	45	12	33
C43	化学原料及化学制品制造业	296	123	173	G	信息技术业	384	99	285
C47	化学纤维制造业	61	19	42	H	批发和零售贸易	245	37	208
C48	橡胶制造业	27	19	8	J	房地产业	320	93	227
C49	塑料制造业	94	25	69	K	社会服务业	83	20	63
C51	电子元器件制造业	183	71	112	L	传播与文化产业	9	5	4

行业代码	行业名称	全样本	高涉入	低涉入	行业代码	行业名称	全样本	高涉入	低涉入
C55 C57	日用电子器具及其他电子设备制造业	97	33	64		综合类	241	48	193
C61	非金属矿物制品业	136	41	95		合计	4739	1622	3117
C65	黑色金属冶炼及压延加工业	19	4	15					

注：行业标准依据证监会 2001 年度颁布的《上市公司行业分类指引》。

6.4.2 研究模型及变量定义

如第一章所述，负债融资效率具体指负债是否能够发挥增进企业价值的效应。以下本书构建模型，研究产业政策对家族企业代理冲突与负债融资效率关系的影响。

（1）检验假设 1 至假设 4 的模型

检验家族企业债务融资效率，即负债资金对企业价值的影响，需要控制内生性问题，需要消除家族企业价值越大，债权人越倾向于向其借款的问题。借鉴已有研究（连军、刘星等，2011），本书构建了联立方程，采用系统估计法中的三阶段最小二乘估计技术（3SLS）对模型进行估计。三阶段最小二乘估计法也能够在充分考虑方程之间相关性的前提下，同时确定方程中的参数。模型如下：

$$Perf_{it} = a_0 + a_1 ALev_{it} + a_2 Agency \times ALev_{it} + a_3 Altruism + a_4 OCEO_{i,t} + a_5 DCEO_{i,t}$$
$$+ a_6 Div_{i,t} + a_7 IP_{i,t} + a_8 Pay_{i,t} + a_9 Size_{i,t} + a_{10} Growth_{i,t} + a_{11} Own_{i,t}$$
$$+ a' Year + \eta_{it} \tag{6.1}$$

$$ALev_{it} = b_0 + b_1 Perf_{it} + b_2 Tangible_{i,t} + b_3 Tax_{i,t} + b_4 Altruism_{i,t} + b_5 OCEO_{i,t}$$
$$+ b_6 DCEO_{i,t} + b_7 Div_{i,t} + b_8 IP_{i,t} + b_9 Size_{i,t} + b_{10} Growth_{i,t} + b_{11} Own_{i,t}$$
$$+ b' Year + \varphi_{it} \tag{6.2}$$

模型中的交乘项系数 a_1 反映家族企业负债契约是否能够发挥提高公司价值作用，即债务融资效率的状况。当 a_1 显著大于 0 时，说明债务契约治理效率较高。a_2 表示本书研究的影响家族企业融资效率的因素是否产生了作用。a_2 显著大于（或小于0），说明代理研究变量显著提高（降低）企业负债融资效率。$Perf$ 和 $ALev$ 是内生变量，分别表示公司价值与公司负债融资规模。$Agency$ 代表本书研究的影响家族企业代理冲突的家族涉入因素变量，包括主要影响家族高涉入企业的利他主义、创始人效应（OCEO/DCEO），主要影响家族低涉入企业的控制权与现金流权分离度（Div），反映两类家族企业代理冲突差异的家族涉入程度（IP）。

（2）检验假设 5 的模型

为了检验国家产业政策对两类家族企业代理冲突和企业融资效率关系的影响，本书在模型 6.1 和模型 6.2 的基础上，加入产业政策变量，分高低涉入家族企业两个样本组，构建联立方程进行比较。研究模型如下：

$$Perf_{it} = c_0 + c_1 ALev_{it} + c_2 H \times ALev_{it} + c_3 Altruism + c_4 OCEO_{i,t} + c_5 DCEO_{i,t} + c_6 Div_{i,t}$$
$$+ c_7 H_{i,t} + c_8 Pay_{it} + c_9 Size_{i,t} + c_{10} Growth_{i,t} + c_{11} Own_{i,t} + c'Year + \eta_{it} \quad (6.3)$$

$$ALev_{it} = d_0 + d_1 Perf_{it} + d_2 Tangible_{i,t} + d_3 Tax_{i,t} + d_4 Altruism_{i,t} + d_5 OCEO_{i,t}$$
$$+ d_6 DCEO_{i,t} + d_7 Div_{i,t} + d_8 H_{i,t} + d_9 Size_{i,t} + d_{10} Growth_{i,t} + d_{11} Own_{i,t}$$
$$+ d'Year + \varphi_{it} \quad (6.4)$$

（3）变量定义

①公司价值。

表示公司价值的指标 $Perf$ 可以分为公司市场价值和公司会计账面价值两类。本书分别使用 Tobin's Q 和总资产收益率来衡量。其中 Tobin's Q 是市场 – 账面价值比率，代表证券市场对公司价值的估值，反映投资者对公司未来前景的预期，是公司长期价值的较好反映。净资产收益率是衡量企业盈利能力的财务指标，主要反映公司当前的价值。为了消除行业因素对以上指标的影响，本章选用了行业调整 Tobin's Q（ATQ）以及行业调整净资产收益率（AROE）来衡量。AROE 等于每个公司 ROE 值平减当年该公司所处行业中值；ATQ 等于每个公司 TQ 平减当年该公司所处行业的中值。

②负债融资规模。

本书使用资产负债率（Lev）来代表负债融资规模。使用公司年末总负债除以年末总资产。为了消除行业因素影响，本书使用行业调整资产负债率（ALev）来表示。ALev 等于每个公司 Lev 值平减当年该公司所处行业公司 Lev 的中值。

③代理冲突变量。

第一，家族利他主义。本书使用家族成员任高管人数占企业高管（包括董事、高级经理、监事）的比重来间接衡量利他主义程度。第二，创始人效应。本书选择创始人任职 CEO（OCEO）和二代任职 CEO（DCEO）进行对比分析研究。第三，家族超额控制（Div）。本书具体使用家族大股东控制权与现金流权分离度来衡量。第四，家族涉入程度（IP）。当家族企业满足高涉入家族企业定义时，IP 为 1，否则为家族低涉入企业，IP 为 0。

④产业政策。

模型中影响融资效率的因素还有产业政策虚拟变量，本书用 H 代表。当公司受到产业政策鼓励支持，即公司当年所处行业为产业政策鼓励发展行业，H 取值为 1；否则为 0。产业政策鼓励支持行业的选取标准同前文。

⑤控制变量。

根据已有的研究（González，2013；冯旭南，2012），本书还选择了高管薪酬（Pay）、固定资产比率（Tangible）、公司实际税率（Tax）、公司规模（Size）、公司成长情况（Growth）以及家族股东持股比例（Own）作为控制变量。模型也使用了 Year 对年度进行控制。

以上变量的详细描述见表6.2。

表 6.2 变量定义

	符号	具体定义
被解释变量	ALev	公司负债融资规模。即行业调整资产负债率，用年末总负债除以总资产再平减行业中位数计算。
	ATQ	公司市场价值，即行业调整 Tobin's Q。用（股权市值 + 净债务市值）除以期末总资产再平减行业中位数计算。

续表

	符号	具体定义
被解释变量	AROE	公司会计账面价值。即净资产收益率，用公司年末净利润除以净资产再平减行业中位数计算。
解释变量	Altruism	利他主义变量。用家族成员担任公司高管（包括公司董事、高级经理、监事）人数占公司高管总数的比例计算。
	OCEO	家族创始人担任总经理虚拟变量。是为1，否则为0。
	DCEO	家族二代（包括创始人的亲属和后代）担任总经理虚拟变量。是为1，否则为0。
	Div	家族超额控制。用家族控制权减去现金流权计算。
	IP	家族涉入公司虚拟变量。要求至少有两位家族成员担任公司高管（包括董事长、总经理、董事、高级经理），符合为家族高涉入公司，取值为1，其他为家族低涉入公司，取值为0。
	H	产业政策虚拟变量。表示公司处于产业政策鼓励行业为1，否则为0。
控制变量	Own	终极所有权。控制家族全部持股成员对上市公司的现金流权之和。现金流权等于每条控制链上的现金流权之和。
	Pay	高管薪酬变量，采用高管前三名薪酬总额的自然对数计算。
	Tangible	固定资产比率。用固定资产净额占总资产的比例计算。
	Tax	公司实际税率。
	Size	公司规模。用公司总资产的自然对数计算。
	Growth	营业收入增长率。反映公司成长情况。
	Year	年度控制变量；以2004年为基准，共使用8个年度亚变量。

6.5 实证结果与分析

6.5.1 描述性统计及分析

表6.3报告了分组后的描述性统计结果。本书采用独立样本T检验方法，比较了家族高涉入组和家族低涉入组各个研究变量的均值差异，同时比较了受

到产业政策鼓励样本组和其他样本组各个研究变量均值差异。家族高涉入组和
家族低涉入组之间比较结果显示：（1）反映公司市场价值的行业调整 Tobin's
Q 指标家族高涉入组显著低于家族低涉入组；反映公司会计价值的行业调整净
资产收益率家族高涉入组与家族低涉入组没有显著差异。（2）家族高涉入组
行业调整资产负债率显著低于低涉入组。（3）在反映家族企业代理问题的指
标中，高涉入公司的利他主义显著大于低涉入公司（T 值在 1% 水平通过显著
性检验）；家族创始人效应指标（家族创始人担任 CEO），家族高涉入公司的
均值显著大于低涉入公司。这与两类公司的家族涉入特征基本一致；家族高涉
入公司现金流权与控制权的分离度显著小于低涉入公司。以上家族涉入指标比
较结果反映出相对家族低涉入公司，高涉入公司在家族所有、控制、管理三个
维度对公司治理活动高度渗透。（4）其他变量比较结果反映出，高涉入公司
的终极所有权显著大于低涉入公司；家族高涉入组规模显著大于低涉入组，但
增长机会显著小于低涉入组。

表 6.3 主要变量的描述性统计

变量	家族公司总样本			高涉入公司样本			低涉入公司样本		
	高涉入（1）	低涉入（2）	T 值（1）~（2）	鼓励行业（3）	不鼓励行业（4）	T 值（3）~（4）	鼓励行业（5）	不鼓励行业（6）	T 值（5）~（6）
ATQ	0.209	0.484	-8.21***	0.299	0.127	3.69***	0.479	0.490	-0.21
AROE	0.003	0.001	0.88	0.006	0.003	0.62	0.005	0.004	0.52
ALev	-0.056	-0.017	-6.83***	-0.042	-0.060	1.96**	-0.003	-0.031	3.93***
Altruism	0.201	0.046	39.91***	0.191	0.207	-2.158**	0.045	0.047	-0.871
OCEO	0.580	0.181	28.54***	0.6	0.572	1.32	0.192	0.171	1.51
Div	0.062	0.085	-9.03***	0.058	0.065	-1.65*	0.083	0.087	-1.31
Own	0.365	0.244	23.45***	0.357	0.373	-1.83*	0.243	0.245	-0.49
Pay	13.445	12.356	6.49***	13.476	13.231	0.72	12.445	12.786	-1.31
Tangible	0.218	0.225	-1.58	0.221	0.216	0.69	0.223	0.227	-0.72
Tax	0.168	0.1743	-0.83	0.160	0.176	-1.72*	0.151	0.200	-5.57***
Size	21.367	21.141	7.88***	21.307	21.422	-2.57***	21.103	21.182	-2.36***

续表

变量	家族公司总样本			高涉入公司样本			低涉入公司样本		
	高涉入 （1）	低涉入 （2）	T值 （1）~（2）	鼓励 行业 （3）	不鼓励 行业 （4）	T值 （3）~（4）	鼓励 行业 （5）	不鼓励 行业 （6）	T值 （5）~（6）
Growth	0.504	0.886	−4.32***	0.490	0.516	−0.20	0.733	1.050	−2.53***
N	1622	3117		779	843		1610	1507	

注：表中报告的是各变量的均值，均值差异检验采用独立样本 T 检验；＊、＊＊、＊＊＊ 依次代表 10%、5%、1% 水平显著。

家族高涉入样本公司内产业政策鼓励组和产业政策不鼓励组之间的比较结果显示：（1）表示公司负债融资规模的行业调整资产负债率指标，产业政策鼓励组显著高于产业政策不鼓励组，这说明产业政策鼓励能够给家族企业带来更多的负债资金。（2）表示公司价值的行业调整 Tobin's Q，产业政策鼓励组公司显著高于不鼓励行业组公司，反映出产业政策鼓励能够增加高涉入公司价值。但这并不意味着产业政策鼓励提高公司价值的效应是由增加负债资金带来，需要结合债务资金具体分析。但使用行业调整 ROE 表示公司价值的两组结果并未显著差异。

家族低涉入样本公司内产业政策鼓励组和产业政策不鼓励组之间的比较结果显示：（1）表示公司负债融资规模的行业调整资产负债率指标，产业政策鼓励组均显著高于产业政策不鼓励组。（2）表示公司价值的行业调整 Tobin's Q，产业政策鼓励组公司与不鼓励组公司没有显著差异。但这并不意味着产业政策鼓励不会显著影响债务的治理效应，需要结合负债治理效应具体分析。但使用行业调整 ROE 表示公司价值的两组结果并未显著差异。

6.5.2 回归结果与分析

在进行多元回归之前，本书进行了主要变量之间的 Pearson 相关性检验，解释变量之间的关系基本符合逻辑，且各个解释变量间的相关系数都小于 0.6。另外，多重共线性 VIF（variance inflation factor）检验值均小于 2.5，说明回归中多重共线性发生可能性较小。限于篇幅没有详细报告。此外，由于本章检验家族企业负债融资效率使用了三阶段最小二乘（3SLS）系统估计法来控制内生性问题，因此以下对回归结果的分析不再顾虑内生性问题。

（1）家族企业负债治理效应

表6.4和表6.5报告了假设1至假设4的检验结果。表6.4报告了负债融资与家族企业市场价值的关系，表6.5报告了负债融资与家族企业会计价值的关系。首先，从回归结果显示，Tobin's Q与资产负债率之间均存在显著正相关关系（表6.4第（1）列至第（5）列的检验结果均在5%水平以上显著），说明家族企业整体以及家族高涉入企业与家族低涉入两类企业中，负债融资均能够显著提高市场价值，即家族企业负债融资具有效率。但是，仅有微弱的证据说明反映企业账面会计价值的净资产收益率与资产负债率之间存在正相关关系（表6.5检验结果表明净资产收益率与资产负债率正相关，在10%水平显著）。这已结果与杜宏宇（2010）研究类似，说明由于财务效应对Tobin's Q值和公司业绩影响具有差异，使得公司业绩（净资产收益率）表现出的企业内在价值与Tobin's Q表现出的公司外部价值出现一定的分化。总之，以上结果证实了假设1成立。

（2）利他主义、创始人效应与家族高涉入企业负债融资效率

表6.4第（1）至（3）列显示在家族高涉入组中，利他主义与负债比例（ALev）的交乘项和公司市场价值（TQ）显著负相关（Altruism与ALev的交乘项系数为 -0.456，1%水平显著），同时，创始人CEO（OCEO）与负债比例（ALev）的交乘项和公司市场价值（TQ）显著负相关（交乘项系数为3.054，1%水平显著），但是二代CEO（DCEO）与负债比例（ALev）的交乘项和公司市场价值（TQ）之间没有显著关系。以上结果表明利他主义显著降低了公司负债融资效率，创始人任职CEO能够提高负债融资效率。表6.5第（1）列至（3）列的回归结果也表明，从公司账面价值角度，利他主义降低了公司负债融资效率，创始人CEO提高负债融资效率，但是二代CEO的作用不显著。以上说明假设2成立。

（3）控制权和现金流权的分离程度与家族低涉入企业负债融资效率

表 6.4 第（4）列结果显示，在家族低涉入公司中，控制权和现金流权的分离程度与负债比例的交乘项和公司市场价值之间在 5% 水平上显著负相关（Div 与 ALev 的交乘项系数为 – 1.662，T 值 – 2.14）。表 6.5 第（4）列结果类似，但显著性水平较低（Div 与 ALev 的交乘项系数为 – 0.083，T 值 – 1.72）。这说明控制权和现金流权的分离降低了家族低涉入企业负债融资效率。以上证实假设 3 成立。

表 6.4   家族企业代理冲突与公司负债融资效率（ATQ）

ATQ	家族高涉入组		家族低涉入组		全样本
	(1)	(2)	(3)	(4)	(5)
Intercept	8.122 ***	7.476 ***	7.342 ***	– 6.08 **	7.553 ***
	(6.82)	(5.75)	(5.66)	(– 2.14)	(5.66)
ALev	0.981 *	0.514 *	0.483 **	3.45 ***	0.483 ***
	(1.85)	(1.79)	(2.08)	(3.31)	(2.88)
Altruism	– 0.009 *	– 0.032 **	– 0.052 *	– 0.097	– 0.142
	(– 1.86)	(– 1.99)	(– 1.89)	(– 0.90)	(– 0.10)
OCEO	0.013 **	0.244 ***	0.244 *	– 0.096	0.311 **
	(2.23)	(3.08)	(1.88)	(– 0.89)	(1.99)
DCEO	– 0.055	– 0.074	– 0.072	0.128	0.213
	(– 1.07)	(– 1.26)	(– 1.26)	(0.73)	(0.88)
Div	– 0.678	– 0.726	– 0.639	– 2.066 ***	– 1.043 **
	(– 1.25)	(– 1.422)	(– 1.12)	(– 7.23)	(– 2.20)
IP					– 1.553 **
					(– 2.23)
Altruism × ALev	– 0.456 ***				
	(– 3.18)				
OCEO × ALev		3.054 ***			
		(4.67)			

续表

ATQ	家族高涉入组		家族低涉入组		全样本
	（1）	（2）	（3）	（4）	（5）
DCEO × ALev			0.005 (0.01)		
Div × ALev				−1.662 ** (−2.14)	
IP × ALev					−0.365 * (−1.90)
Pay	0.085 *** (2.97)	0.043 *** (2.67)	0.056 ** (2.01)	0.046 * (1.88)	0.077 ** (2.98)
Size	−0.021 ** (−2.17)	−0.354 ** (−2.11)	−0.35 ** (−2.08)	−0.381 ** (−2.46)	−0.052 ** (−2.45)
Growth	0.544 *** (2.43)	0.022 ** (2.40)	0.022 ** (2.34)	0.012 * (1.75)	0.033 ** (1.99)
Own	−0.986 (−0.65)	−1.045 (−0.024)	−0.983 (−1.58)	1.691 *** (2.68)	−1.564 *** (1.32)
Year	Control	Control	Control	Control	Control
Adj − R^2	0.07	0.06	0.08	0.17	0.15
N	1622	1622	3117	3117	4739

注：*、**、***依次代表在10%、5%、1%水平上显著；括弧内为 T 值；篇幅所限，本书仅报告 ATQ 为被解释变量的回归结果。

表6.5　　　**家族企业代理冲突与公司负债融资效率（AROE）**

AROE	家族高涉入组		家族低涉入组		全样本
	（1）	（2）	（3）	（4）	（5）
Intercept	0.073 *** (3.88)	0.079 *** (4.60)	0.071 *** (3.94)	−0.074 (−3.78)	0.132 *** (3.20)
ALev	0.046 * (1.90)	0.028 * (1.93)	0.016 * (1.82)	0.032 ** (2.39)	0.123 ** (2.77)
Altruism	−0.01 ** (−2.50)	−0.005 * (−1.82)	0.008 * (−1.73)	−0.009 (−0.51)	−0.010 * (−1.88)

续表

AROE	家族高涉入组		家族低涉入组		全样本
	（1）	（2）	（3）	（4）	（5）
OCEO	0.006 * （1.80）	0.088 ** （2.03）	0.091 ** （2.11）	0.005 （0.29）	0.011 ** （2.25）
DCEO	-0.011 （-1.05）	-0.024 （-1.17）	-0.009 （-1.26）	-0.017 （-0.58）	-0.031 （-0.66）
Div	-0.124 （-0.42）	-0.102 （-0.93）	-0.126 （-1.47）	-0.083 * （-1.72）	-0.131 * （-1.62）
IP					-1.553 ** （-1.98）
Altruism × ALev	-0.024 * （-1.69）				
OCEO × ALev		0.948 *** （2.57）			
DCEO × ALev			-0.012 （-0.39）		
Div × ALev				-0.083 *** （-1.72）	
IP × ALev					-0.254 * （-1.87）
Pay	0.099 *** （3.01）	0.021 *** （3.43）	0.018 *** （3.22）	0.027 *** （3.45）	0.131 *** （3.66）
Size	-0.075 *** （-3.70）	-0.073 *** （-3.77）	-0.076 *** （-3.75）	-0.068 *** （-2.62）	-0.054 *** （-2.78）
Growth	0.002 （1.45）	0.002 * （1.66）	0.002 （1.48）	0.003 ** （2.35）	0.021 ** （2.44）
Own	0.063 （1.53）	-0.047 （-1.03）	0.064 （1.16）	-0.181 *** （-2.80）	-0.181 （-1.12）

续表

AROE	家族高涉入组		家族低涉入组		全样本
	（1）	（2）	（3）	（4）	（5）
Year	Control	Control	Control	Control	Control
Adj – R²	0.96	0.90	0.12	0.05	0.15
N	1622	1622	1622	3117	4739

注：*、**、***依次代表在10%、5%、1%水平上显著；括弧内为T值；篇幅所限，此处仅报告被解释变量为 AROE 的回归结果。

（4）产业政策、家族涉入程度与企业负债融资效率

表6.4 第（5）列结果显示，表示家族涉入程度的指标 IP 与负债比例的交乘项和公司价值之间在 10% 水上显著负相关（交乘项系数为 - 0.356，T 值 - 1.90）。表6.5 第（5）列结果类似。以上说明从市场价值和会计价值两个角度来看，家族高涉入企业的代理冲突较高，阻碍了负债治理效应的发挥，因而企业负债融资效率较低。以上结果支持了假设4。

表6.6 和表6.7 反映了加入产业政策影响因素之后，家族企业负债融资效率的状况。首先市场价值角度的结果显示：家族高涉入企业中，产业政策变量在 10% 水平上显著降低了公司价值与负债比例之间的敏感性（H 与 ALev 交乘项系数为 -0.247，T 值为 -1.68）；在家族低涉入组中，产业政策变量在 10% 水平上显著提高了公司价值与负债比例之间的敏感性（H 与 ALev 交乘项系数为 0.381，T 值为 1.97）。

同时，表6.6 第（5）列显示，产业政策在总体上能够提高负债融资效率（H 与 ALev 交乘项系数为 0.342，T 值为 1.75）。以上结果说明，尽管产业政策从整体上提高了家族企业的负债融资效率，但是对内部代理问题不同的家族企业，产生的效果具有差异。产业政策降低了高涉入企业负债融资效率，提高家族低涉入企业的负债融资效率。以上结果证实假设5成立。但是，账面价值角度的结果显示：产业政策对家族企业负债融资效率虽然能够产生正向的影响，虽然并不显著。表6.7 第（1）、第（3）、第（5）列的结果说明，不管是对两类家族企业还是家族企业整体，产业政策均没有显著提高或者降低负债融

资效率。这一结果说明，产业政策鼓励给企业增加的负债资金对企业价值增加效应较多地从市场价值反映出来。也就是说，产业政策对企业的正面影响很大程度上是起到了提高市场对企业的预期作用。

表 6.6 产业政策、家族涉入与债务治理效应（ATQ）

ATQ	家族高涉入组		家族低涉入组		全样本	
	（1）	（2）	（3）	（4）	（5）	（6）
Intercept	0.236 *** (6.88)		0.751 *** (11.13)		0.605 *** (6.55)	
ALev	0.487 * (1.80)		0.727 ** (2.36)		0.881 ** (2.19)	
H	0.166 (1.46)		0.043 * (1.90)		0.09 *** (2.57)	
H × ALev	− 0.247 * （− 1.68）		0.381 ** (1.97)		0.342 * (1.75)	
Altruism	− 0.065 ** （− 2.41）		− 0.064 （− 0.68）		− 0.07 ** （− 1.99）	
OCEO	0.025 * (1.95)		− 0.125 （− 1.30）		0.098 (1.17)	
DCEO	0.031 （− 0.23）		0.155 *** （− 2.65）		0.109 * （− 1.65）	
Div	− 0.649 （− 1.15）		− 2.098 *** （− 3.34）		− 1.651 *** （− 3.65）	
Pay	0.449 ** (2.15)		0.651 ** (2.03)		1.531 *** (2.65)	
Size	− 0.344 ** （− 2.04）		− 0.395 ** （− 2.55）		− 0.186 （− 1.57）	
Growth	0.022 ** (2.37)		0.012 * (1.74)		0.016 *** (2.80)	
Own	− 0.991 （− 1.23）		− 1.718 （− 1.46）		− 1.491 （− 1.55）	

续表

ATQ	家族高涉入组		家族低涉入组		全样本	
	（1）	（2）	（3）	（4）	（5）	（6）
Intercept		0. 228 *** (3. 64)		2. 514 *** (3. 11)		2. 738 *** (2. 89)
ATQ		0. 357 ** (2. 34)		1. 752 ** (2. 49)		0. 588 *** (1. 66)
H		0. 094 *** (2. 91)		0. 006 * (1. 70)		0. 094 *** (2. 91)
Altruism		− 0. 017 * (− 1. 68)		− 0. 0124 (− 0. 81)		− 0. 115 ** (− 2. 13)
OCEO		− 0. 014 ** (− 2. 08)		0. 007 (0. 51)		− 0. 150 ** (− 2. 21)
DCEO		− 0. 038 (− 1. 60)		0. 032 (1. 29)		− 0. 143 (− 1. 04)
Div		0. 264 (1. 02)		− 0. 187 *** (− 3. 81)		− 1. 63 *** (− 2. 74)
Size		0. 251 *** (3. 61)		0. 046 ** (1. 98)		− 0. 082 (− 0. 55)
Growth		0. 004 (1. 25)		− 0. 007 (− 0. 84)		0. 011 (1. 60)
Own		− 0. 408 (− 1. 51)		− 0. 164 *** (− 3. 76)		− 1. 410 *** (− 3. 01)
Tangible		1. 079 *** (14. 04)		0. 878 *** (9. 91)		0. 557 *** (20. 22)
Tax		0. 018 (0. 47)		0. 007 (0. 42)		0. 002 (0. 02)
Year	Control	Control	Control	Control	Control	Control
Adj − R²	0. 131	0. 045	0. 131	0. 088	0. 223	0. 136
N	1622	1622	3117	3117	4739	4739

注：*、**、*** 依次代表在 10%、5%、1% 水平上显著；括弧内为 T 值。

表 6.7   产业政策、家族涉入与债务治理效应（AROE）

AROE	家族高涉入组		家族低涉入组		总样本	
	（1）	（2）	（3）	（4）	（5）	（6）
Intercept	0.251 * (1.66)		− 0.081 *** (− 4.06)		− 0.049 *** (− 3.34)	
ALev	0.481 *** (2.76)		0.223 *** (3.95)		0.231 ** (3.40)	
H	0.166 (1.47)		0.026 (1.29)		0.022 (1.55)	
H × ALev	0.006 (0.02)		0.014 (0.24)		0.021 (0.31)	
Altruism	− 0.05 (− 1.67)		− 0.006 (− 0.33)		− 0.005 (− 0.794)	
OCEO	0.014 ** (2.23)		− 0.008 (− 0.44)		0.01 (1.12)	
DCEO	− 0.074 (− 1.29)		− 0.015 (− 0.50)		− 0.012 (− 1.18)	
Div	− 0.64 (− 1.12)		0.09 * (− 1.87)		0.099 *** (− 2.86)	
Pay	0.787 ** (2.41)		0.951 *** (2.78)		0.898 *** (2.98)	
Size	− 0.349 (− 2.07)		− 0.065 (− 2.51)		− 0.069 (− 3.62)	
Growth	0.022 ** (2.33)		0.003 *** (2.59)		0.003 (3.13)	
Own	− 0.981 *** (− 2.56)		− 0.183 (− 0.80)		− 0.136 (− 1.37)	
Intercept	0.483 *** (2.87)			− 0.022 ** (− 1.93)		
AROE	0.723 (1.04)			0.694 (1.56)		3.89 (1.30)
H	0.032 ** (2.31)			0.016 ** (2.45)		0.065 *** (2.86)

AROE	家族高涉入组		家族低涉入组		总样本	
	(1)	(2)	(3)	(4)	(5)	(6)
Altruism	−0.044 (−1.40)			−0.007 (−0.48)		−0.053* (−1.67)
OCEO	−0.042* (−1.86)			0.015 (1.02)		0.042 (1.33)
DCEO	−.070 (−1.31)			0.013 (0.51)		0.021 (0.32)
Div	0.858 (1.28)			0.073* (1.77)		0.280 (1.62)
Size	0.325 (1.50)			0.041* (1.80)		0.155* (1.92)
Growth	0.008 (0.98)			0.001 (0.02)		0.013 (1.59)
Own	0.421 (−1.55)			−0.141 (−1.29)		−0.593 (−1.40)
Tangible	1.204*** (6.99)			0.853*** (37.47)		1.161*** (6.14)
Tax	0.053 (0.22)			0.036 (1.72)		0.006 (0.01)
Year	Control	Control	Control	Control	Control	Control
Adj − R²	0.222	0.065	0.245	0.076	0.08	0.09
N	1622	1622	3117	3117	4739	4739

注：*、**、*** 依次代表在 10%、5%、1% 水平上显著；括弧内为 T 值。

6.6 稳健性检验

根据已有研究，公司的负债融资可以分为银行借款和非金融负债两部分。非金融负债主要有应付账款、递延税款、应付工资等。银行借款是正式融资行为，是企业赖以生存发展的基础（冯旭南，2012）。因此，银行借款融资是研究公司负债融资的核心内容。那么在稳健性检验中，本书使用银行借款占总资产的比例作为债务融资的变量，再次对两类家族企业家族涉入特征对融资效率以及家族涉入程度与产业政策的交互作用如何影响家族企业的融资效率进行了回归检验。从回归结果看出，与上文使用资产负债率作为债务融资规模的回归结果基本一致，此处不再赘述。表 6.8 仅报告产业政策、家族涉入与银行借款效率的结果。

表 6.8   产业政策、家族涉入与银行借款效率（ATQ）

	家族高涉入组		家族低涉入组	
ALoan	3. 141 * (1. 79)		6. 059 *** (3. 53)	
H	0. 155 *** (3. 26)		− 0. 028 (− 0. 22)	
H × ALoan	− 4. 533 *** (− 2. 71)		5. 231 *** (3. 13)	
ATQ		0. 557 *** (4. 13)		1. 508 ** (2. 53)
Year	Control	Control	Control	Control
Adj − R^2	0. 151	0. 046	0. 113	0. 080
N	1622	1622	3117	3117

注：ALoan 是行业调整银行贷款比率，Odebt 是其他负债资金比率。＊、＊＊、＊＊＊ 依次代表在 10%、5%、1% 水平上显著。括弧内为 T 值。

其次，本书对主要研究指标改变定义和计算，进行重新回归。利他主义采用了家族任职高管数占全部高管（董事、高级经理）的比例；创始人效应使用家族创始人任职董事长；家族超额控制采用控制权除以现金流权来表示。研究结果未发现实质性变化。

6.7 本 章 小 结

本书以 2004 ~ 2012 年我国 A 股市场上市家族公司为研究样本，考察了家族控制公司的代理问题以及映射至公司负债融资效率的特征。鉴于家族公司的异质性，本书首先将家族公司分为高涉入家族公司与低涉入家族公司。其次，本书在研究两类家族公司家族股东与债权人的代理问题的基础上，研究了家族涉入对企业债务融资效率的影响。结果发现利他主义导致高涉入公司负债融资效率降低，创始人 CEO 提高了负债融资效率，但是二代对负债融资效率的影响并不显著；家族控制权与现金流权分离度对家族低涉入公司负债融资决策产生了显著影响，降低了负债效率。更进一步，结合我国特殊的制度背景，本书研究了外部国家产业政策与家族企业涉入程度如何对上市公司负债融资效率产生交互影响。结果发现，国家产业政策鼓励放松了家族企业融资环境，给家族企业带来更多资金，但却降低了高涉入公司负债融资效率，同时提高了低涉入公司的债务资金治理效率。

通过上述研究可以看出，不同类型企业中影响债务融资的因素具有较大的差异。家族高涉入公司影响债务融资主要是家族内部不对称利他引发并加深了第三重代理问题，而家族低涉入公司主要是控制权与现金流权分离度影响了公司负债融资决策。总体看来，家族高涉入公司负债融资规模较小，债务治理效应不明显，债务融资效率较低；而家族低涉入公司负债融资规模较大，显著提高了公司价值，负债融资效率较高。另外，产业政策鼓励降低了高涉入家族公司负债融资效率，同时提高了低涉入家族公司负债融资效率。以上研究结果给我们以下启示：一是具有不同的治理特征和代理问题的家族公司，其融资决策会产生较大差异。目前家族高涉入公司家族内部代理冲突比较严重，阻碍了企业规模扩大和进一步发展。因此实现家族退出企业治理，引入外来高管是家族企业做大做强的必然之路。但家族低涉入公司，控制权与现金流权分离造成的负债融资的治理效应较差的结果，也说明需要政府出台相关政策，完善信息披露制度，加强市场监管，抑制家族大股东利用金字塔控股转移企业负债资金谋取私利的行为。二是产业政策的实施效果在不同类型企业中表现出较大的差异性，我国产业政策直接干预效应比较明显，面对内部治理特征不同的企业，应提高政策实施的针对性，以此加强政策实施效果。

7

研究结论与政策建议

7.1 研 究 结 论

20 世纪 30 年代，"伯利 – 米恩斯命题"的诞生开创了第一代公司治理理论。所有权和经营权分离，使得股东与经理之间的委托代理问题，即第一重代理问题凸显。依据传统委托代理理论，由于大股东家族对公司经营管理活动的高度涉入，家族企业不会产生所有者和管理者之间的委托代理问题，或者说家族成员之间的代理成本更低。但随着研究的深入，学者们发现，不少企业家族成员利益并不统一，同样发生着严重的道德风险、敲竹杠、逆向选择问题，甚至威胁到企业的生存发展。此外，一般情况下家族企业均有一名极具权威的创始人，他的独有资源能够减缓股东与经理之间的代理冲突。创始人效应也引起了家族企业研究者们的广泛关注。随着研究视角的拓展，家族企业研究深度的加强，传统委托代理理论在解释家族企业问题时显现出较大的局限性，这使得家庭经济学中的利他主义理论、管家理论等重登殿堂。20 世纪 90 年代，拉·波尔塔、洛佩斯—德—西拉内斯、施莱弗和维什尼（La Porta, Lopez-de-Silanes, Shleifer and Vishny, 1999）以及克拉森（Claessens）等（2000）指出大股东集中控制是现代企业组织形式的一种常态。其中家族是最主要的大股东类型。家族控制导致大股东与中小股东代理问题，即第二重代理问题凸显。大股东控制企业中，金字塔控股结构是家族企业常用的模式。金字塔控股结构使得大股东控制权与现金流权分离，大股东拥有较小的现金流权即可实现对公司的较大控制，给大股东攫取控制权私利的隧道行为带来便利。不少研究认为控制权与现金流权的分离成为家族大股东侵占中小股东利益的主要表征。家族控制也促使形成外部债权人与内部家族股东之间的委托代理关系，对大股东攫取私利的预期使得债权人提高借款成本，加深了债权人与家族股东之间的代理冲突（本书界定为第三重代理问题）。

另一方面，家族企业实质上并不是毫无差异的同一体，而是具有很强的异质性。本书根据家族涉入程度将家族企业划分为家族高涉入企业与家族低涉入企业，分别研究了两类家族企业代理问题。家族涉入程度不同的企业，在上述三重代理关系中表现出不同的代理问题特征。异质家族企业代理冲突特征最终决定了家族企业扮演"好的代理人"还是"差的管家"。为了探寻家族企业代理冲突影响企业业绩和价值的具体路径，本书从资本配置视角，探讨了家族企业内部代理问题映射至企业投资、融资行为特征，研究异质家族企业资本配置效率。进一步，本书结合外部产业政策，研究了产业政策的鼓励对异质家族企业投融资效率的差异性影响。这一研究也通过两类家族企业投融资行为对产业政策鼓励的不同反应，进一步揭示了异质家族企业内部代理问题的差异。通过以上研究，本书得出了以下几个方面的结论：

（1）家族高涉入企业主要面对家族股东与经理之间的第一重代理冲突。虽然创始人任职CEO起到了削弱第一重代理冲突的作用，但家族利他主义却增加了第一重代理冲突；家族低涉入企业主要面临第二重代理冲突，控制权和现金流权分离度增加了家族大股东与中小股东的代理冲突。在我国当前制度背景和家族企业（本书主要研究上市家族企业）的发展阶段下，相对家族低涉入企业，家族高涉入企业总体上代理问题比较严重。

（2）家族企业长期资本投资效率深受两重问题（股东与经理之间以及家族大股东与中小股东之间代理问题）影响。家族高涉入企业中，利他主义增加了第一重代理冲突，降低了企业投资效率；家族高涉入企业中，控制权和现金流权分离度增加了家族大股东与中小股东的代理冲突，降低了投资效率。总体上看，相对家族低涉入企业，家族高涉入企业总体上代理问题比较严重，投资效率较低。

（3）相对家族低涉入公司，高涉入公司由于家族多人介入，利他主义和创始人效应深刻影响了公司研发投资强度以及研发投资的价值创造。当公司进入成熟期，走向上市融资时，家族成员的高度介入会使利他主义的负面效果强烈，公司投资视野变窄，从而降低了研发投资强度。在此阶段，创始人 CEO 风险规避意识较强，也导致公司研发投资强度降低的结果。在家族低涉入公司中，控制权与现金流权的分离度越大，代理冲突越严重，最终降低了公司研发投资强度。总体上比较而言，相对家族低涉入公司，家族高涉入公司的研发投资强度较小，同时研发投资创造市场长期价值的能力不足，显现出较低的研发投资效率。

（4）在家族企业负债融资下，家族股东与经理之间以及家族大股东与中小股东之间的两重代理冲突，会进一步影响家族控制人与债权人之间的代理问题。家族高涉入公司中，家族内部不对称利他引发的代理问题严重降低了债务融资效率，而低涉入公司中，家族大股东与外部中小股东的代理冲突严重降低了公司负债融资效率。总体看来，家族高涉入公司负债融资效率较低，家族低涉入公司负债融资效率较高。

（5）产业政策对家族企业资本配置效率起到了重要作用，但对代理冲突不同的异质家族企业，产业政策鼓励对企业资本配置的影响具有显著差异。一方面，根据 5 年计划的发展规划，本书发现，国家产业政策鼓励总体上改善了鼓励行业家族企业融资环境，放松了家族企业的融资约束。但是，产业政策鼓励降低了代理问题比较严重的家族高涉入公司投资效率，研发投资强度以及负债融资效率；另一方面，产业政策鼓励提高了低涉入家族公司投资效率，研发投资强度以及负债融资效率。总之，产业政策鼓励的效果对异质家族企业产生了不同作用。

7.2　研究启示与建议

目前，家族企业这种组织形式具有不可替代的生命力已经不容置疑，但也正在经历成长之痛。如何更好地发挥家族涉入对企业的正面效应，同时抑制其负面问题，是实现家族企业健康持续发展的关键核心。总体来看，一方面需要从优化家族企业内部治理结构入手，另一方面需要从完善家族企业外部市场制度，加强企业监管等方面入手，内外结合、多管其下，具体包括以下几个方面的措施：

（1）合理发挥家族创始人效应，顺利实现家族企业交班。有关创始人对公司价值创造贡献的研究成果较多。大量观点认为创始人拥有不可代替的特殊资本，能够增加企业价值。本书研究也为以上观点增加了进一步的证据。创始人使公司投资行为更加理性，促使公司根据企业投资机会安排自身的投资活动，提高了投资效率和债务资金的治理效率。因此，创始人能够成为一种有效的非正式治理机制，补充正式契约治理的不足，增加契约治理的有效性。但是，在创始人进入晚年之后，创造力下降，风险规避意识增加，可能会产生缩短投资视域，降低企业研发投资规模的收成战略。此时，顺利实现企业交班接棒是解决创始人效应下降，实现企业长期发展的核心关键问题。

那么，如何实现那家族企业的顺利交班？首先应从合理选择家族企业传承的来源入手。一般情况下，可供创始人选择继承者的来源，包括传统的子承父业、从企业内部高管选拔，或者采用从外部聘任优秀人才等方式。在我国，后两种方式尽管在一些家族企业进行了尝试，但大多以失败告终。在目前我国的文化和制度背景下，职业经理人市场还很不健全，称职的职业经理人才也极度缺乏，加上市场监管机制不够健全，均会造成家族启用外部经理人接棒的风险增大，并有可能带来家族财富毁于一旦的结果。另一方面，很多家族制企业成功案例，也证明了那些和创始人一起打拼的子女通过实践历练能够具备较强的企业管理才能，承担家族企业发展重任。因此，子承父业仍然应是目前我国家族企业传承主要方式。其次，尽早做好家族接班人培养。当前，较多家族企业所面临交班不畅问题，要么是创始人担心二代能力不足，不愿放权；要么是受现代教育，具有较强独立意识二代们，不愿从事父辈传统事业。因此，家族二代教育是企业创始人面临的重要问题。应注重传统东方文化教育，培养后代修身、齐家才能治国的思想理念。并尽早让二代们接触家族事业，成人后让其在不同岗位上充分历练。在交班成功案例中，我们可以看到二代们无不是历经磨炼，最终才能担当重任。例如，家族企业方太集团创始人茅理翔在其子茅忠群从上海交大研究生毕业后力劝其回来一起进行二次创业。之后茅理翔启动了他称为的"带三年、帮三年、看三年"的交棒模式，调动了儿子的积极性和创造性，创立了一种两代人共同创业兼儿子独立创业的中国式"方太"传承模式。

（2）淡化家族制，引入家族退出机制，降低家族对企业的涉入程度。本书研究发现在家族高涉入企业中利他主义的负面效应严重，由此给予我们启示是：家族企业特别是进入成熟期的家族企业，不能一味固守家族控制，否则家族利他主义的负面效应会极大阻碍企业的健康运行。改变家族对公司高度涉入的状况，可以从两个方面探索具体路径：一方面淡化家族制，引入现代企业制度，充分引进任用高层次人才。另一方面划清产权，构建家族元老退出机制。现实中，家族元老退出失败的案例不少。例如在某家族企业，董事长的叔叔在企业创办初期出过大力。但企业壮大之后，已经无法再胜任职能。但企业董事长不好意思让他一走了之，就安排这位叔叔负责安全保卫工作，另外再聘用了一位职业经理当人力资源总监。新总监按照现代企业制度进行绩效管理，与这位叔叔产生了矛盾。由于家族的特殊关系，聘来的总监觉得夹在中间很难处理，几个月后他主动选择了离开。当然，也有家族企业成功转型的案例。例如，在家族企业方太集团，企业壮大之后，方太创始人茅理翔采取了让他的众多的兄弟姐妹各自另行创业发展的模式。目前飞翔集团和方太公司董事长和总经理由家族创始人茅理翔与其子茅忠群担任，而其他所有中高层管理人员全是引进的大学生、研究生和博士生等职业经理人。另八位茅理翔的亲戚分别在飞翔集团、方太公司工作但都是车间主任以下的普通职工。以上案例说明，这引入现代企业制度和划清产权、实现家族元老顺利退出这两个方面相互影响，需要同时并行。

（3）健全法律法规，重点完善产权保护以及投资者保护的相关法律法规。在我国，家族低涉入企业极易引发金字塔控股下的隧道行为，是具有特殊制度背景的。当前，我国缺乏相关法律制度对私有产权进行保护，造成相当多的家族企业对未来家族财产存在较大的不确定性预期，因而企业投资动力不足，而采取非法手段转移上市公司资产概率较高。因此，建立完善私有产权的法律保护制度就显得异常迫切和重要。在抑制大股东利用金字塔控股掏空企业，保护中小股东利益方面，国家法律和市场监管规则起着重要作用。拉·波尔塔、洛佩斯－德－西拉内斯、施莱弗和维什尼（1999）认为国家的法律和规则制度与公司所有权结构有着紧密关联。司法腐败严重、对投资者保护制度不健全的国家所有权集中程度普遍较高。因此，健全投资者保护特别是对中小投资者保护的法律制度，是遏制大股东掏空行为的有力保证。此外，更要加强相关法律法规的执行力度，强化控股股东对于中小股东的受托责任，提高对违法控股股东的惩罚力度，通过建立回避表决制度、派生诉讼制度等赋予中小股东切实能够实行的权利。由下至上，约束家族大股东掏空行为。

（4）完善市场监管制度及运行机制，强化信息披露制度。目前，我国已经建立了比较完善的市场监管制度，但是具体运行机制还存在问题。首先，对大股东监管的运行机制欠缺一定的针对性。例如，相对家族高涉入企业，家族低涉入企业的大股东利用金字塔控股掏空可能性更高，那么监管部门应着重加强对此类企业大股东金字塔控股结构的监管。其次，上市公司信息披露制度尚不够完善。家族企业信息透明度低，给家族企业利用控制权攫取私利带来便利。信息披露制度的完善也是降低家族大股东道德风险、抑制隧道掏空行为的有力保障。具体完善披露制度的举措可在以下三个方面加强：一是完善公司治理信息披露。监管部门应当要求详细披露实际控制人与上市公司十大股东、企业高管之间的关系，以及实际控制人与其控股公司的股东与高管的关系。二是完善公司财务信息披露。应当详细披露与实际控制人有亲缘关系高管的薪酬以及高管业绩的评价和考核标准。三是在完善企业经营活动信息。应当详细披露关联方企业以及相互担保企业的信息，特别是披露这些企业的实际控制人之间是否存在亲缘关系。

（5）从微观主体差异性出发，有针对性地制定产业政策具体实施策略，提高产业政策实施功效。本书研究也进一步启示我们，政府宏观产业政策对微观企业的投融资行为产生显著作用，能够改善家族外部融资环境，降低融资约束，在一定程度上优化了企业资源配置效率。但是当产业政策不能对企业现实情况相匹配时，可能会给微观企业带来不良的经济后果。正如本书研究表明，产业政策鼓励带来的融资放松反而成为代理冲突严重企业的冗余资金，降低了高涉入家族企业的资本投资效率、研发投资的价值创造效率以及负债融资效率，总体降低了此类企业的资本配置效率。因此，政府的宏观政策制定实施应考虑不同公司的现实情况，针对不同类型的微观企业个体出台有针对性的具体政策实施方案（如引导对质优企业增加资金或者减少对问题企业的资金扶持），从而更好地推动宏观经济体系与微观经济个体的和谐健康运转。

7.3 研究局限性与未来研究展望

本书在细致划分家族企业类型的基础上，比较深入地探讨了异质家族企业的代理问题，并选取资本配置视角具体研究了家族涉入如何影响企业代理冲突，最终如何提高或者降低了企业投资和融资效率。并且本研究能够进一步拓展研究视野，联系企业外部宏观产业政策，研究产业政策鼓励和家族内部治理共同对家族企业资本配置效率的影响。通过几年的努力，本研究取得了一定的成效，也得出了一些有价值的结论，但是，出于自身能力的局限，本研究也存在一些不足之处，有待进一步改进和深入研究。

（1）研究对象的需拓展。从数据的可得性以及可靠性角度考虑，本书选择了上市家族公司作为研究对象。但是，从数量上看，上市公司仅仅代表家族企业很小的一个部分，不能完全反映家族企业的全貌。这使得本研究研究存在一定的局限性。下一步研究可以拓展研究对象，深入研究其他类型家族企业，分析研究处于不同发展阶段的家族企业代理冲突和资本配置效率问题。

（2）家族企业类型划分标准的理论性需加强。本研究根据家族涉入企业的程度将家族企业划分为高度涉入家族企业和低度涉入家族企业两类。划分标准选取了控制权门槛和家族任职情况。这一划分方式主要从家族涉入的定义出发，关注了家族控制和家族管理两个方面的家族企业核心特征如何影响企业决策。但是，家族通过持股和管理高度介入企业之后，是否能够对公司决策权产生重要影响，需要进一步运用经济管理理论进行深入论证。

（3）研究变量的衡量需进一步细化。首先，本研究运用家庭经济学和企业管理学理论，研究了利他主义和创始人效应对公司资本配置行为的影响。衡量利他主义和创始人效应主要采用家族高管比例和是否担任企业高管的方法。

但是这种衡量方式较为简单，对利他主义和创始人效应描述和刻画尚不够全面。因此，在以后的研究中可以尝试采用行为经济学的研究方法，对以上指标进行更加准确和细致地描述与衡量。其次，本研究在衡量产业政策因素时，主要采用国家五年计划的条文规定，同时主要关注了鼓励性产业政策的效果。但是我国产业政策体系还包括各个部委发布的相关政策，除了鼓励性政策之外，还涉及限制性产业政策、淘汰性产业政策，如何更好地刻画衡量产业政策影响因素也是今后研究改进方向。

（4）研究深度和广度需进一步拓展。本书在机理分析时主要运用了规范分析方法，实证检验时主要运用了相关分析、回归分析等方法，研究具有一定的深度和广度。但是，总体来看，尚需要从以下几个方面加强：在规范分析部分，研究可以进一步拓展至运用数理分析方法和博弈分析方法深入研究产业政策和家族企业代理问题影响资本配置效率的内在机制；在实证分析部分，尽管本书已采用滞后期变量法和三阶段最小二乘法来控制内生性问题，但是今后可以进一步尝试运用动态方程方法。控制变量地选取也需要进一步扩展，如加入市场化程度指标等。

（5）研究视角可以进一步扩大。家族企业治理特征对企业现金流量、利润分配等财务环节也具有深刻的影响。一步研究方向可以拓展至家族企业治理特征对其他财务决策环节影响中。

参 考 文 献

[1] 贝克尔.1993. 人类行为的经济分析 [M].上海:上海三联书店.

[2] 蔡地,万迪昉,罗进辉.2012. 产权保护、融资约束与民营企业研发投入 [J]. 研究与发展管理,24 (2):85-93.

[3] 蔡地,万迪昉.2012. 制度环境影响企业的研发投入吗 [J]. 科学学与科学技术管理,33 (4):121-128.

[4] 陈德球,李思飞,雷光勇.2012. 政府治理、控制权结构与投资决策——基于家族上市公司的经验证据 [J]. 金融研究,(3):124-138.

[5] 陈东华,李真,新夫.2010. 产业政策与公司融资——来自中国的经验证据,The 4th Symposium of China Journal of Accounting Research (CJAR),中国会计学刊研讨会.

[6] 陈建林.2012. 上市家族企业管理模式对代理成本的影响——代理理论和利他主义理论的争论和整合 [J]. 管理评论,(5):53-59.

[7] 陈守明,冉毅,陶兴慧.2012. R&D 强度与企业价值——股权性质和两职合一的调节作用 [J]. 科学学研究,30 (3):441-448.

[8] 陈文婷,李新春.2008. 上市家族企业股权集中度与风险倾向、市场价值研究——基于市场化程度分组的实证 [J]. 中国工业经济,(10):139-149.

[9] 程宏伟,张永海,常勇.2006. 公司 R&D 投入与业绩相关性的实证研究 [J]. 科学管理研究,24 (3):110-113.

[10] 程仲鸣,夏新平,余明桂.2008. 政府干预、金字塔结构与地方国有上市公司投资 [J]. 管理世界,(9):43-53.

[11] 程仲鸣,夏银桂.2008. 制度变迁、国家控股与股权激励 [J]. 南开

管理评论，(4)：89 – 96.

[12] 储小平 . 2000. 家族企业研究：一个具有现代意义的话题 [J]. 中国社会科学，(5)：51 – 58.

[13] 储小平 . 2004. 华人家族企业的界定 [J]. 经济理论与经济管理，(1)：49 – 53.

[14] 杜宏宇 . 2010. 股权结构、债务治理与"效率悖论" [J]. 经济管理，(9)：114 – 119.

[15] 杜文献，吴林海 . 2007. 政府 R&D 投入对企业 R&D 投入的诱导效应——基于 1991 ~ 2004 年中国科技统计数据的实证分析 [J]. 科技进步与对策，24（11）：20 – 23.

[16] 范从来，叶宗伟 . 2004. 上市公司债务融资、公司治理与公司绩效 [J]. 经济理论与经济管理，(10)：11 – 20.

[17] 樊纲 . 2000. 论体制转轨的动态过程——非国有部门的成长与国有部门的改革 [J]. 经济研究，(1)：11 – 21.

[18] 冯旭南，李心愉，陈工孟 . 2011. 家族控制、治理环境和公司价值 [J]. 金融研究，(3)：149 – 164.

[19] 冯旭南 . 2012. 债务融资和掠夺——来自中国家族上市公司的证据 [J]. 经济学（季刊），11（3）：943 – 968.

[20] 巩娜 . 2013. 家族企业、股权激励与研发投入 [J]. 证券市场导报，(8)：44 – 49，55.

[21] 谷祺，邓德强，路倩 . 2006. 现金流权与控制权分离下的公司价值 [J]. 会计研究，(4)：30 – 36.

[22] 顾昕 . 2013. 产业政策的是是非非——林毅夫"新结构经济学"评论之三 [M]. 读书，(12)：27 – 36.

[23] 郝颖，刘星 . 2010. 市场化进程与上市公司 R&D 投资：基于产权特征视角 [J]. 科研管理，(4)：81 – 90.

[24] 何轩，朱沆 . 2008. 利他主义、亲情寻租与家族企业治理 [J]. 外国经济与管理，30（9）：28 – 33.

[25] 贺小刚，李新春，连燕玲，张远飞 . 2010. 家族内部的权利偏离及其

对治理效率的影响 [J]. 中国工业经济, (10): 96-106.

[26] 贺小刚, 李新春, 连燕玲. 2007. 家族权威与企业绩效: 基于广东省中山市家族企业的经验研究 [J]. 南开管理评论, (5): 75-81.

[27] 贺小刚, 连燕玲. 2009. 家族权威与企业价值: 基于家族上市公司的实证研究 [J]. 经济研究, (4): 90-102.

[28] 贺小刚, 燕琼琼, 梅琳, 李婧. 2011. 创始人离任中的权力交接模式与企业成长——基于我国上市公司的实证研究 [J]. 中国工业经济, (10): 98-108.

[29] 贺志峰. 2004. 论家族企业的定义 [J]. 当代财经, (6): 57-60.

[30] 江飞涛, 李晓萍. 2010. 直接干预市场与限制竞争: 中国产业政策的取向与根本缺陷 [J]. 中国工业经济, (9): 26-36.

[31] 江金锁. 2011. 制度环境、审计意见与银行贷款——来自中国上市家族企业的经验证据 [J]. 经济与管理, 25 (7): 16-22.

[32] 姜付秀, 黄继承. 2011. 经理激励、负债与企业价值 [J]. (5): 46-60.

[33] 靳庆鲁, 孔祥, 侯青川. 2012. 货币政策、民营企业投资效率与公司期权价值 [J]. 经济研究, (5): 96-106.

[34] 卡洛克, 沃德著, 梁卿译. 2002. 家族企业战略计划, 北京: 中信出版社.

[35] 康华, 王鲁平, 杨柳青. 2013. 民营上市公司政治关系对研发活动的影响研究 [J]. (8): 8-16.

[36] 克林·盖尔西克. 1998. 家族企业的繁衍——家族企业的生命周期 [J]. 北京: 经济日报出版社.

[37] 孔鹏, 张炜迪. 2005. 家族上市公司新财富100企业家 [J]. 新财富, (8): 11-13.

[38] 郎咸平. 2007. 郎咸平学术文选 [J]. 北京: 人民文学出版社.

[39] 黎文靖, 程敏英, 黄琼宇. 2012. 地方政府竞争、企业上市方式与政企间利益输送——来自中国家族企业上市公司的经验证据 [J]. 财经研究, 38 (9): 27-36.

[40] 李倩.2010.我国投资强度与产出绩效的关系研究 [D].西北大学.

[41] 李世辉,雷新途.2008.两类代理成本、债务治理及其可观测绩效的研究——来自我国中小上市公司的经验证据 [J].会计研究,(5):21-29.

[42] 李新春.1998.中国的家族制度与企业组织 [J].中国社会科学季刊,(香港).

[43] 李新春,刘莉.2009.嵌入性-市场性关系网络与家族企业创新成长 [J].中山大学学报:社会科学版,49(3):190-202.

[44] 李新春,檀宏斌.2010.家族企业内部两权分离:路径与治理——基于百年家族企业香港利丰的案例研究 [J].中山大学学报:社会科学版,50(4):178-188.

[45] 李增泉,孙铮,王志伟.2004."掏空"与所有权安排——来自我国上市公司大股东资金占用的经验证据 [J].会计研究,(12):3-13.

[46] 连军,刘星,连翠珍.2011.民营企业政治联系的背后:扶持之手与掠夺之手? ——基于资本投资视角的经验研究 [J].财经研究,(6):133-144.

[47] 连军.2013.组织冗余、政治联系与民营企业 R&D 投资 [J].科学学与科学技术管理,34(1):3-11.

[48] 廖义刚,张玲,谢盛纹.2009.杠杆治理、独立审计与代理成本——来自财务困境上市公司的实证发现 [J].经济评论,(6):74-82.

[49] 刘学方,王重鸣,唐宁玉,朱健,倪宁.2006.家族企业接班人胜任力建模——一个实证研究 [J].管理世界,(5):33-43.

[50] 吕长江,王克敏.2002.上市公司资本结构、股利分配及管理股权比例相互作用机制研究 [J].(3)15-24.

[51] 吕占峰.2009.我国家族企业治理结构研究 [D].武汉理工大学.

[52] 罗婷,朱青,李丹.2009.解析 R&D 投入和公司价值之间的关系 [J].金融研究,(6):100-110.

[53] 潘必胜.1998.对企业集团政企不分内部化的分析 [J].中国工业经济,(10):40-43.

[54] 潘必胜.1998.乡镇企业中的家族经营问题——兼论家族企业在中国

的历史命运 [J]. 中国农村观察，(1)：83 – 93.

[55] 潘士远，史晋川. 2001. 知识吸收能力与内生经济增长——关于罗默模型的改进与扩展 [J]. 数量经济技术经济研究，(11)：82 – 85.

[56] 任海云. 2010. 企业 R&D 目标强度的权变分析及动态调整模型 [J]. 研究与发展管理，22 (6)：97 – 102.

[57] 申明浩. 2008. 治理结构对家族股东隧道行为的影响分析 [J]. 经济研究，(6)：135 – 144.

[58] 申尊焕. 2004. 我国家族上市公司经营业绩的实证分析 [J]. 企业经济，(4)：188 – 191.

[59] 斯蒂格利茨. 1998. 政府为什么干预经济：政府在市场经济中的角色 [M]. 北京：中国物资出版社.

[60] 苏启林，朱文. 2003. 上市公司家族控制与企业价值 [J]. 经济研究，(8)：36 – 45.

[61] 苏启林. 2005. 创业投资与家族企业转型 [J]. 当代经济管理，27 (4)：54 – 58.

[62] 苏启林. 2007. 基于代理理论与管家理论视角的家族企业经理人行为选择 [J]. 外国经济与管理，29 (2)：51 – 56.

[63] 苏忠秦，黄登仕. 2012. 家族控制、两权分离与债务期限结构选择——来自中国上市公司的经验证据 [J]，管理评论，24 (7)：132 – 142.

[64] 孙铮，刘凤委，李增泉. 2005. 市场化程度、政府干预与企业债务期限结构——来自我国上市公司的经验证据 [J]. 经济研究，(5)：52 – 63.

[65] 唐松，杨勇，孙铮. 2009. 金融发展、债务治理与公司价值——来自中国上市公司的经验证据财经研究，(6)：23 – 29.

[66] 田银华，邝嫦娥，张敏. 2011. 家族企业治理结构与经营绩效的实证研究——以中国上市家族企业为例 [J]. 当代财经，(9)：79 – 84.

[67] 田银华，周志强，廖和平. 2012. 动态三环模式与家族企业产权契约治理研究 [J]. 商业经济与管理，(7)：40 – 48.

[68] 王力军，童盼. 2008. 民营上市公司控制类型、多元化经营与企业绩效 [J]. 南开管理评论，(5)：31 – 39.

［69］王满四．2005．负债融资的公司治理效应及其机制研究［M］．中国社会科学出版社．

［70］王明琳，陈凌，叶长兵．2010．中国民营上市公司的家族治理与企业价值［J］．南开管理评论，（2）：61–67．

［71］王明琳，徐萌娜．2011．利他行为的治理机制及效率研究［J］．经济学家，（12）：23–31．

［72］王明琳，陈凌．2013．代理人还是管家——基于双重嵌入视角的家族企业行为及绩效研究［J］．中山大学学报（社会科学版），（2）：180–188．

［73］王明琳，周生春．2006．控制性家族类型、双重三层委托代理问题与企业价值［J］．管理世界，（8）：83–93．

［74］王燕妮，张书菊．2011．R&D投入的价值相关性实证研究［J］．科学学与科学技术管理，32（9）：17–22．

［75］汪辉．2003．上市公司债务融资、公司治理与市场价值［J］．经济研究，（8）：25–34．

［76］韦苇．2009．贫穷理论和政府扶贫实践的社会资本逻辑［J］．中国行政管理，（9）：100–102．

［77］吴延兵，米增渝．2011．创新、模仿与企业效率——来自制造业非国有企业的经验证据［J］．中国社会科学，（4）：77–94．

［78］夏杰长，尚铁力．2007．企业R&D投入的税收激励研究——基于增值税的实证分析［J］．涉外税务，（3）：9–12．

［79］小艾尔弗雷德·钱德勒．1987．看得见的手——美国企业的管理革命［M］．北京：商务印书馆．

［80］肖作平，廖理．2007．大股东、债权人保护和公司债务期限结构选择——来自中国上市公司的经验证据［J］．管理评论，（10）：99–117．

［81］肖作平，苏忠秦．2012．现金股利是"掏空"的工具还是掩饰"掏空"的面具？——来自中国上市公司的经验证据［J］．管理工程学报，26（2）：77–84．

［82］谢小芳，李懿东，唐清泉．2009．市场认同企业的研发投入价值吗？来自沪深A股市场的经验证据［J］．中国会计评论，（3）：299–314．

［83］辛清泉，郑国坚，杨德明．2007．企业集团、政府控制与投资效率［J］．金融研究，(10)：123 - 142.

［84］徐欣，唐清泉．2010．财务分析师跟踪与企业 R&D 活动——来自中国证券市场的研究［J］．金融研究，(12)：173 - 189.

［85］许永斌，郑金芳．2007．中国民营上市公司家族控制权特征与公司绩效实证研究［J］．会计研究，(11)：50 - 57.

［86］杨龙志，朱世平．2006．家族企业治理结构与经营绩效关系的实证研究——基于浙江非上市中小家族企业的调查数据［J］．商业经济与管理，(10)：17 - 21.

［87］杨兴全．2004．上市公司融资效率问题研究［D］．中南财经政法大学博士学位论文．

［88］宋文兵．1997．对当前融资形势的理性思考［J］．改革与战略，(6)：1 - 6.

［89］杨学儒，李新春．2009．家族涉入指数的构建与测量研究［J］．中国工业经济，(5)：97 - 107.

［90］叶蓓，袁建国．2008．管理者信心、企业投资与企业价值：基于我国上市公司的经验证据［J］．中国软科学，(2)：15 - 23.

［91］叶航．2005．利他行为的经济学解释［J］．经济学家，(3)：22 - 29.

［92］叶玲，李心合．2012．管理者投资羊群行为、产业政策与企业价值——基于我国 A 股上市公司的实证检验［J］．江西财经大学学报，(5)：24 - 32.

［93］叶银华．1999．家族控股集团、核心企业与报酬互动之研究——台湾与香港证券市场之比较［J］．管理评论（台湾），18 (2)：22 - 34.

［94］于立，马丽波．2003．家族企业治理结构的三环模式［J］．经济管理，(2)：4 - 11.

［95］于东智．2003．资本结构、债权治理与公司绩效：一项经验分析［J］．中国工业经济，(1)：34 - 41.

［96］俞立平．2013．不同科研经费投入与产出互动关系的实证研究——基于面板数据及面板 VAR 模型的估计［J］．科研管理，(10)：94 - 102.

［97］袁春生，杨淑娥.2006.经理管理防御与企业非效率投资［J］.经济问题，6：40－42.

［98］约翰·梅纳德·凯恩斯，陆梦龙译.2009.就业、利息和货币通论，中国社会科学出版社.

［99］张俊喜，张华，宋敏.2004.所有权和控制权分离对企业价值的影响——我国民营上市企业的实证研究［J］.经济学（季刊），3（B10）：1－14.

［100］张夏准.2009.富国的伪善——自由贸易的迷思与资本主义秘史［M］.北京：社会科学文献出版社.

［101］张兆国，何威风，闫炳乾.2008.资本结构与代理成本——来自中国国有控股上市公司和民营上市公司的经验证据［J］.南开管理评论，（11）：39－47.

［102］赵玉珍，张心灵.2011.债务治理与公司经营绩效关系的实证［J］.统计与决策，（6）：11－15.

［103］曾康霖.1993.怎样看待直接融资与间接融资［J］.金融研究，（10）：20－24.

［104］甄丽明，唐清泉.2012.R&D投资行为与价值创造机制研究——基于中国上市公司的实证检验［J］.商业经济与管理，245（3）：66－74.

［105］周淑莲，裴叔平，陈树勋.2007.中国产业政策研究［M］.北京：经济管理出版社.

［106］祝继高，韩非池，陆正飞.2012.银行关联能缓解产业政策带来的融资约束吗？——基于A股上市公司的实证研究.北京：第一届"宏观经济政策与微观企业行为"学术研讨会.

［107］中国民（私）营经济研究会家族企业研究课题组.2011.中国家族企业发展报告［M］.北京：中信出版社.

［108］Aboody, D., Lev, B. 2000. Information asymmetry, R&D, and insider gains ［J］. Journal of Finance, 55 (6): 2747－2766.

［109］Aiyesha, D., Nikolaev V., Wang X. 2009. Disproportional Control Rights and the Bonding Role of Debt ［J］. Working Paper, University of Chicago.

［110］Akerlof, George, A. 1970. The Market for "Lemons": Quality uncertainty and the market mechanism [J]. The Quarterly Journal of Economics, 84 (3): 488 – 500.

[111] Amit, R. , Ding, Y. , Villalonga, B. , Zhang, H. 2010. The Role of Institutional Development in the Prevalence and Value of Family Firms, Working Paper.

[112] Ampenberger, M. , Schmid, T. , Achleitner, A. K. , Kaserer, C. 2013. Capital structure decisions in family firms-empirical evidence from a bank-based economy [J]. Review of Managerial Science, 7 (3): 247 – 275.

[113] Anderson, R. C. , Duru, A. , Reeb, D. 2012. Investment policy in family controlled firms [J]. Journal of Banking & Finance, 36: 1744 – 1758.

[114] Anderson, R. C. , Reeb, D. M. 2003a. Founding-family ownership and firm performance: evidence from the S&P 500 [J]. Journal of Finance, (58): 1301 – 1328.

[115] Anderson, R. C. , Mansi, S. A. Reeb, D. M. 2003b. Founding family ownership and the agency cost of debt [J]. Journal of Financial Economics, (68): 263 – 285.

[116] Andres, C. 2008. Large shareholders and firm performance, an empirical examination of founding-family ownership [J]. Journal of Corporate Finance, (14): 431 – 445.

[117] Astrachan, J. H. , Klein, S. , Smyrnios, K. 2002. The F – PEC scale of family influence: a proposal for solving the family business definition problem [J]. Family Business Review, 15 (1): 45 – 57.

[118] Baker, M. 2000. Career Concerns and Staged Investment: Evidence from the Venture Capital Industry [J]. working paper, Harvard University.

[119] Baldridge, K. , Schulz. 1999. Altruism and Agency Cost in Family Firms, Working Paper.

[120] Berghe, Cachon. 2001. Corporate Governance Practices in Flemish Family Business, SSRN Working Paper Series.

[121] Biddle, G. C. , Chen, P. , Zhang, G. 2001. When Capital follows Profitability: No – Liner Residual Income Dynamics [J]. Review of Accounting Studies , (6): 229 – 265.

[122] Berle, A., Means, G. 1932. The Modern Corporation and Private Property [M]. US: New York, NY.

[123] Bertrand, Marianne, Antoinette, S. 2006. The Role of Family in Family Firms [J]. Journal of Economic Perspectives, (20): 73 – 96.

[124] Bond, S., Meghir C. 1994. Dynamic Investment Models and the firm's financial policy [J]. Review of Economic Studies, 1994, 61: 197 – 222.

[125] Brandt, L., Hongbin, L. 2003. Bank Discrimination in Transition Economies: Ideology, Information or Incentives? [J]. Journal of Comparative Economics, 31 (3): 387 – 341.

[126] Charles K. Whitehead. 2009. The Evolution of Debt: Covenants, the Credit Market, and Corporate Governance [J]. The Journal of Corporal ion Law, 34 (3): 102 – 137.

[127] Caprio, L., Croci, E., del Giudice, A. 2010. Ownership structure, family control and acquisition decisions, Unpublished working paper, Università Cattolica del Sacro Cuore and Università degli Studi di Milano – Bicocca.

[128] Casson, M. 1999. The economics of the family firm [J]. Scandinavian Economic History Review, (47): 10 – 23.

[129] Chami, R. 1999. What's different about family business? working paper, University of Notre Dame and the International Monetary Fund, Indiana and Washington DC.

[130] Chami, R. 1999. What's different about family businesses? University of Notre Dame Working Paper.

[131] Chan, L., Lakonishok J., Sougiannis T. 2001. The stock market valuation of research and development expenditures [J]. Journal of Finance, (56): 2, 431 – 2, 457.

[132] Chang, S. C., Wu, W. Y., Wong, Y. J. 2010. Family control and stock market reactions to innovation announcements [J]. British Journal of Management, (21): 152 – 170.

[133] Chen D. H., Li O. Z., Xin F. 2013. Five-Year Plans, China Finance

and Their Consequences, Working Paper.

[134] Chen, S. M, Sun, Z. , Tang, S. , Wu, D. H. 2011. Government Intervention and investment efficiency: Evidence from China Original Research Article [J]. Journal of Corporate Finance, 17 (2): 259 –271.

[135] Chen, Y. P. , Lin, T. J. , Hou, C. P. , Li, C. , Hsieh, P. C. 2012. The Relationship Among Family Ownership, Corporate Governance And Risk Taking [J]. Management Review, 19 (2): 59 –90.

[136] Chen, Y. R. , Ho, C. Y. 2009. The impact of family control and board characteristics on corporate policies [J]. Journal Manage, 26 (1): 1 –16.

[137] Cheng, S. J. 2004. R&D Expenditures and CEO Compensation [J]. The Accounting Review, 79 (2): 305 –328.

[138] Chrisman, J. J. , Chua, J. H. , Steier, L. 2005. Sources and consequences of distinctive familiness: An introduction [J]. Entrepreneurship Theory and Practice, (29): 237 –247.

[139] Chua, J. H. , Chrisman, J. J. , Sharma, P. 1999. Defining the family business by behavior [J]. Entrepreneurship: Theory & Practice [J]. 23 (4): 19 –39.

[140] Claessens, S. , Djankov, S. , Lang, L. H. P. 2000. The Separation of Ownership and Control in East Asian Corporations [J]. Journal of Financial Economics, 58 (1 –2): 81 –112.

[141] Coase, R. 1937. The nature of the firm [M]. Economica, (16): 386 –405.

[142] Croci, E. , Doukas, J. , Gonenc, H. 2011. Family control and financing decisions [J]. European Financial Management, 17 (5): 860 –897.

[143] Dagenais, M. G. , Therrien, P. 1997. Do Canadian Firms Respond to Fiscal Incentives To Research and Development? [J]. Tilburg University Mime, (7): 45 –49.

[144] Davis, J. A. , Tagiuri R. 1989. The influence of life stage on father son work relationships in family companies [J]. Family Business Review, 2 (1): 47 –74.

［145］ Demsetz, H. , Lehn, K. 1985. The structure of corporate ownership: causes and consequences ［J］. Journal of Political Economy, （61）: 1155 – 1177.

［146］ Demsetz, H. , Villalonga, B. , 2001. Ownership structure and corporate performance ［J］. Journal of Corporate Finance, （7）: 209 – 233.

［147］ Eberhart, A. C. , Maxwell, W. F. , Siddique, A. R. 2008. A Re-examination of the Tradeoff between the Future Benefit and Riskiness of R&D Increases ［J］. Journal of Accounting Research, 46 （3）: 27 – 52.

［148］ Edmans, A. 2009. Blockholder Trading, Market Efficiency, and Managerial Myopia ［J］. Journal of Finance, （64）: 2481 – 513.

［149］ Ellul, A. 2009. Control Motivations and Capital Structure Decision ［J］. Working Paper, Indiana University.

［150］ Faccio M. , Lang L. H. P. 2002. The ultimate ownership of western European corporations ［J］. Journal of Financial Economics, 65 （3）: 365 – 395.

［151］ Fama, E. , Jensen, M. 1985. Organizational forms and investment decisions ［J］. Journal of Financial Economics, （14）: 101 – 119.

［152］ Fan, J. P. H. , Jian, M. , Yeh, Y. H. 2008. Succession: The Roles of Specialized Assets and Transfer Costs, Working paper.

［153］ Filatotchev, I. , Kepelyushnikov R. , Dyomina N, Aukusionek S. 2001. The effects of ownership concentration on investment and performance in privatised firms in Russia ［J］. Managerial and Decision Economics, 22: 299 – 313.

［154］ Franks, J. R. , Mayer, C. , Volpin, P. F. , Wagner, H. F. 2010. The life cycle of family ownership: international evidence, working paper, London Business School, University of Oxford and Bocconi University.

［155］ Franzen, L. , Radhakrishnan S. 2009. The value relevance of R&D across profit and loss firms ［J］. Journal of Accounting and Public Policy, （28）: 16 – 32.

［156］ Gomez-Mejia, L. R. , Haynes, K. T. , Nunez Nickel, M. , Jacobson, K. J. L. , Moyano-Fuentes, J. 2007. Socioemotional Wealth and Business Risks in Family controlled Firms: Evidence from Spanish Olive Oil Mills ［J］. Administrative Science Quarterly, 52 (1): 106 – 137.

［157］González, M., Guzmán, A., Pombo C., Trujillo M. 2013. Family firms and debt: Risk aversion versus risk of losing control ［J］. Journal of Business Research, (6): 2308 – 2320.

［158］Grossman, S. J, Hart, O. D. 1988. One Share/One Vote and the Market for Corporate Control ［J］. Journal of Financial Economics, 20 (1/2): 175 – 202.

［159］Guellec, D., van Pottelsberghe de la Potterie, B. 2003. The impact of public R&D expenditure on business R&D ［J］. Economics of Innovation and New Technology, 12 (3): 225 – 244.

［160］Habbershon, T. G., Williams, M. L., MacMillan, I. C. 2003. A unified systems perspective of family firm performance ［J］. Journal of Business Venturing, (18): 451 – 465.

［161］Habbershon, T. G., Williams, M. L. 1999. A resource-based framework for assessing the strategic advantages of family firms ［J］. Family Business Review, (12): 1 – 15.

［162］Hall, B., Lerner, J. 2010. The Financing of R&D and Innovation ［J］. Handbook of the Economics of Innovation, (1): 609 – 639.

［163］Han, B. H., Manry, D. 2004. The value relawence of R&D Advertising expenditures Evidence from Korea ［J］. International Joural of accounting, (39): 155 – 179.

［164］Hanel P., St-Pierre A. 2002. Effects of R&D Spillovers on the Profitability of Firms ［J］. Review of Industrial Organization, (20): 305 – 322.

［165］Harris M., Raviv A. 1991. The theory of capital structure ［J］. Journal of Finance, (46): 297 – 355.

［166］Holderness, C., 2009. The myth of diffuse ownership in the United States ［J］. Review of Financial Studies, 22, 1377 – 1408.

［167］Holmstrom, B., Ricard, I., Costa, J. 1986. Managerial Incentives and Capital Management ［J］. The Quarterly Journal of Economics, MIT Press, 101

(4): 835 - 60.

[168] Ittner, C. , Lambert, R. , Larcker, D. 2003. The Structure and Performance Consequences of Equity Grants to Employees of New Economy Firms [J]. Journal of Accounting and Economics, (34): 89 - 127.

[169] Jayati S. Subrata S. 2008. Debt and corporate governance in emerging economies Evidence from India [J]. Economics of Transition, 16 (2) : 293 - 334.

[170] Jensen, M. , Meckling, W. 1976. Theory of the firm: Managerial behavior, agency costs and ownership structure [J]. Journal of Financial Economics, 3 (4): 305 - 360.

[171] Jin L. , Myers S. 2006. R-square around the world: New theory and tests [J]. Journal of Financial Economics, 79 (2): 257 - 292.

[172] Johnson, B. , Magee, R. , Nagarajan, N. , Newman, H. 1985. An Analysis of the Stock Price Reaction to Sudden Executive Deaths [J]. Journal of Accounting and Economics, (7): 151 - 174.

[173] Johnson, S. , La Porta, R. , Lopez-de-Silanes, F. , Shleifer, A. 2000. Tunnelling [J]. American Economic Review, 90 (2): 22 - 27.

[174] Jorgenson, D. 1963. Capital Theory and Investment Behavior [J]. American Economic Review, 53 (2): 247 - 259.

[175] Khanna, T. , Palepu, K. 2000. Is Group Affiliation Profitable in Emerging Markets? An Analysis of Diversified Indian Business Groups [J]. Journal of Finance, (55): 867 - 891.

[176] King, M. R. , Santor, E. 2008. Family values: Ownership structure, performance and capital structure of Canadian firms [J]. Journal of Banking & Finance, 32: 2423 - 2432.

[177] Klein, S. , Astrachan, J. H. , Smyrnios, K. 2005. The F-PEC scale of family influence: a proposal for solving the family business definition problem [J]. Entrepreneurship Theory and Practice, 29 (3): 321 - 339.

[178] Kothari, S. P. , Laguerre, T. E. , Leone, A. J. 2002. Capitalization versus Expensing: Evidence on the Uncertainty of Future Earnings from Capital Ex-

penditures versus R&D Outlays [J]. Review of Accounting Studies, 7 (4): 355 –
382.

[179] La Porta, R., Lopez-de-Silanes, F., Shleifer, A., Vishny, R. 1999.
Corporate ownership around the world [J]. Journal of Finance, (54): 471 –518.

[180] Laeven L., Levine., R. 2008. Complex Ownership Structures and Cor-
porate Valuations [J]. Review of Financial Studies, 21 (2): 579 –604.

[181] Lin, C., Lin, P., Song, F. 2010. Property rights protection and cor-
porate R&D: Evidence from China [J]. Journal of Development Economics ,
(93): 49 –62.

[182] Margaritis, D., Psillaki, M. 2010. Capital structure, equity ownership
and firm performance [J]. Journal of Banking and Finance, 34 (3): 621 –632.

[183] Murphy, K. M., Shleifer A., Vishny R. W. 1989, Industrialization
and the Big Push [J]. Journal of Political Economics, 97 (5): 1003 –1026.

[184] Maury, B. 2006. Family ownership and firm performance: Empirical
evidence from Western European corporations [J]. Journal of Corporate Finance, 12
(2): 321 –341.

[185] Miller, D., Le, B. M, Lester, R. H., Cannella, J. A. 2007. Are
Family Firms Really Superior Performers? [J]. Journal of Corporate Finance, (13):
829 –858.

[186] Modigliani, F., Merton, H. M. 1963. Corporate Income Taxes and the
Cost of Capital: A Correction [J]. The American Economic Review, 53 (3):
433 –443.

[187] Morck, R., Daniel, W., Bernard, Y. 2005. Corporate Governance,
Economic Entrenchment, and Growth [J]. Journal of Economic Literature, (43):
655 –720.

[188] Morck, R. K., Shleifer, A., Vishny, R. 1988. Management owner-
ship and market valuation: An empirical analysis [J]. Journal of Financial Econom-
ics, 20 (1/2): 293 –315.

[189] Morgado, A., Pindado, J. 2003. The underinvestment and overinvest-

ment hypotheses: an analysis using panel data [J]. European Financial Management, (9): 163 – 177.

[190] Mueller, H. , Inderst, R. 2001. Ownership concentration, monitoring, and the agency cost of debt, working paper, University of Mannheim, Germany.

[191] Munari, F. , Oriani, R. , Sobrero M. 2010. The effects of owner identity and external governance systems on R&D investments: a study of Western European firms [J]. Research Policy, 39 (8): 1093 – 1104.

[192] Munoz-Bullon F. , Sanchez-Bueno M. J. 2011. The impact of family involvement on the R&D intensity of publicly traded firms [J]. Family Business Review, 24 (1): 62 – 70.

[193] Myers, S. C. 1977. Determinants of Corporate Borrowing [J]. Journal of Financial Economics, (5): 147 – 175.

[194] Myers, S. C. 1984. The capital structure puzzle [J]. Journal of Finance, 39 (3): 575 – 592.

[195] Narayanan, M. P. 1985. Managerial Incentives for Short – Term Results [J]. Journal of Finance, (40): 1469 – 1484.

[196] Neubauer, F. , Lank, A. G. 1998. The family business: Its governance for sustainability [J]. MacMillan Business.

[197] Pindado, J. , Ignacio, R. , De la Torre, C. 2011. Family control and investment-cash flow sensitivity: Empirical evidence from the Euro zone Original Research Article [J]. Journal of Corporate Finance, 17 (5): 1389 – 1409.

[198] Riyanto E. Toolsema A. 2005. Tunneling and Popping: a Justification for Pyramidal Ownership, Working Paper.

[199] Ross, S. A. 1977. The Determination of Financial Structure: The Incentive Signalling Approach [J]. The Bell Journal of Economics, 8 (1): 23 – 40.

[200] Sara, H. , Robicheaux E. 2008. Lease Financing and Corporate Governance [J]. The Financial Review, (43) : 403 – 437.

[201] Scherer F. M. , Harhoff D. and Kukies J. 2000. Uncertainty and the Size Distribution of Rewards from Technological Innovation [J]. Journal of Evolutionary

Economics，（10）：175－200.

［202］Schmid，T. 2013. Control considerations，creditor monitoring，and the capital structure of family firms ［J］. Journal of Banking and Finance，（37）：257－272.

［203］Schmid，T. Achleitner，A.，Ampenberger，M，Kaserer，C. 2014. Family firms and R&D behavior New evidence from a large-scale survey ［J］. Research Policy，（43）：233－244.

［204］Schulze，W.，Lubatkin，M. H.，Ling，Y.，Dino，R. N.，Buchholtz，A. K. 2001. Agency Relationships in Family Firms：Theory and Evidence ［J］. Organization Science，（12）：99－116.

［205］Setia-Atmaja，L.，Tanewski，G.，Skully，M. 2009. The role of dividends，debt and board structure in the governance of family controlled firms ［J］. Journal of Business Finance and Accounting，36（7/8）：863－898.

［206］Shleifer，A.，Vishny，R. 1989. Management Entrenchment-the Case of Manager Specific Investments ［J］. Journal of Financial Economics，（25）：123－139.

［207］Shleifer，A.，Vishny，R. 1998. The Grabbing Hand：Government Pathologies and Their Cures ［M］. Harvard University Press.

［208］Shleifer，A.，Vishny，R. 1986. Large Shareholders and Corporate Control ［J］. Journal of Political Economy，（94）：461－489.

［209］Shleifer，A.，Vishny，R. 1997. A survey of corporate governance ［J］. Journal of Finance，（52）：737－783.

［210］Sirmon D. G.，Hitt M. A. 2003. Managing resources：Linking unique resources，management，and wealth creation in family firms ［J］. Entrepreneurship Theory and Practice，27（4）：339－358.

［211］Stein J. C. 1997. Internal Capital Markets and the Competition for Corporate Resources ［J］. The Journal of Finance，（52）：111－133.

［212］Stein，J. 2003. Agency，information and corporate investment ［J］. Handbook of the Economics of Finance，1（1）：111－165.

[213] Stulz, R. 1988. Managerial control of voting rights: Financing policies and the market for corporate control [J]. Journal of Financial Economics, 20 (1/2): 25 –54.

[214] Tobin, J. A. 1969. general equilibrium approach to monetary theory [J]. J Money Credit Bank, (1): 15 –29.

[215] Tosi H. , Gomez-Mejia L. R. 1989. The Decoupling of CEO Pay and Performance: An Agency theory Perspective [J]. Administrative Science Quarterly, (34): 169 –189.

[216] Villalonga, B. Amit, R. 2010. Family Control of Firms and Industries [J]. Financial Management, (10): 863 –904.

[217] Villalonga, B. , Amit, R. 2006. How do family ownership, control and management affect firm value? [J]. Journal of Financial Economics, 80 (2): 385 –417.

[218] Wei, K. C. J. , Zhang, Y. 2008. Ownership structure, cash flow, and capital investment: Evidence from East Asian economies before the financial crisis [J]. Journal of Corporate Finance, (14): 95 –118.

[219] Williamson, Oliver. 1985. The Economics Institutions of Capitalism, New York, Free Press. Williamson, S. D.

[220] Finance and Corporate Governance [J]. Journal of Finance, (43): 567 –91.

[221] Wiwattanakantang, Y. 1999. An empirical study on the determinants of the capital structure of Thai firms [J]. Pacific – Basin Finance Journal, 7 (3/4): 371 –403.

[222] Zellweger, T. , Eddleston, K. H. , Kellermanns, F. W. 2010. Exploring the Concept of Familiness: Introducing Family Firm Identity [J]. Journal of Family Business Strategy, 1 (1): 1 –10.